Constance van Monts

Kyra Kyrklund und Jytte Lemkow

Dressurreiten – Schritt für Schritt zur Perfektion

Kyra Kyrklund und *Jytte Lemkow*

Dressurreiten

Schritt für Schritt zur Perfektion

Mit Praxistipps von Profireitern

Müller Rüschlikon

Einbandgestaltung: Andreas Pflaum

First published in the Swedish language as *Dressyr med Kyra*

ISBN 3-275-01353-X

1. Auflage 2000

Deutschsprachige Ausgabe:
Aus dem Englischen übersetzt von Bettina Borst

Textredaktion: Marie-Luise Bezzenberger
Innengestaltung: Marit Wolff
Druck: Rung-Druck, 73033 Göppingen
Bindung: K. Dieringer, 70839 Gerlingen
Printed in Germany

Inhalts-verzeichnis

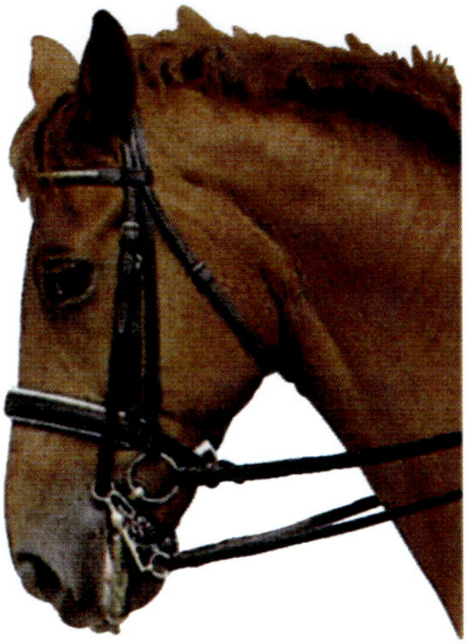

B

Wer ist Kyra Kyrklund?

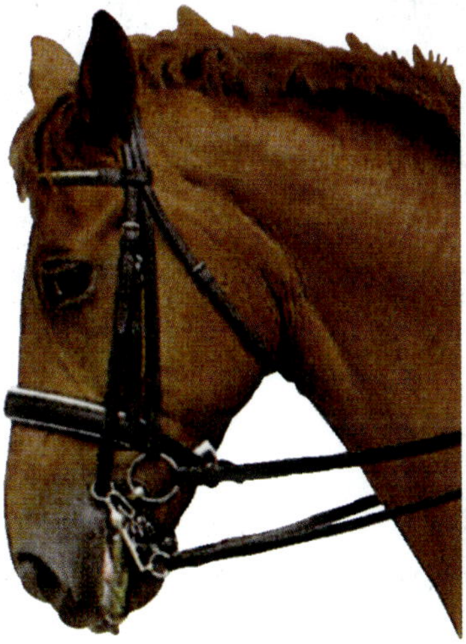

Kyra Kyrklund wurde 1952 in Helsinki geboren. Als Kind war sie ganz versessen auf Pferde, und obwohl sonst niemand aus der Familie ritt, versäumte sie keine Gelegenheit zum Reiten und bettelte darum, Reitstunden nehmen zu dürfen. Mit elf Jahren begann sie in der Reitschule Keskustalli in Helsinki Unterricht zu nehmen; hier erhielt sie ihre Grundausbildung von Maire Anderson-Blondyx, die als Ausbilderin viele der führenden finnischen Reiter beeinflusst hat. In Keskustalli standen Dressur- und Springpferde bis Klasse L zur Verfügung, so dass sich Kyra dort vieles von dem Wissen und den Fähigkeiten aneignen konnte, die den Hintergrund für ihre späteren Erfolge bildeten.

Obwohl ihre Stärke heute im Dressurreiten liegt, begann sie ihre Karriere als Springreiterin. Auf ihrem ersten Turnier, dem Nordic Cup 1967 im finnischen Lathis, ritt sie ein Pferd namens Dragon in den A-Springen. Nachdem sie zwei Springen gewonnen hatte, fragte der Leiter der finnischen Springmannschaft bei ihr an, ob das Pferd auch in höheren Klassen starten könne. Kyra war zwar noch nie in höheren Klassen gesprungen, antwortete aber trotzdem mit Ja. Mit Kyra in der Mannschaft gewann Finnland den Nordic Cup; sie selbst wurde in der Einzelwertung Zweite.

1969 kaufte Kyra ihr erstes Pferd Kasper, ein bereits gut ausgebildetes schwedisches Vielseitigkeitspferd von acht Jahren. In diesem Jahr nahm sie an drei finnischen Juniorenmeisterschaften teil. Sie gewann auf Kasper die Dressur, wurde in der Vielseitigkeit Zweite und im Springen Vierte.

1972 nahm sie an den finnischen Meisterschaften teil und gewann auf Kasper die Dressur, einen Prix St. Georges. Damals war in Keskustalli der Trainer Mangos Lillquist beschäftigt, der in der bekannten schwedischen Reitakademie in Strömsholm ausgebildet worden war. Zusammen mit Maire Anderson-Blondyx kümmerte er sich um Kyras tägliches Training und spielte eine wichtige Rolle bei ihrem Erfolg. Im selben Jahr machte Kyra ihr Abitur und spielte mit dem Gedanken, Tierärztin zu werden. Ehe sie sich jedoch an der Universität einschrieb, nahm sie an der Reitakademie von Strömsholm als Schülerin an einem sogenannten »Langkurs« teil. Ständig mit Pferden zu arbeiten gefiel ihr so gut, dass sie ihren Aufenthalt in Strömsholm verlängerte und die Jahre 1973 und 1974 dort als Auszubildende verbrachte. In dieser Zeit kaufte sie einen in Dänemark gezogenen Vierjährigen namens Piccolo.

1974 hängte sie ihren Plan, Tierärztin zu werden, an den Nagel und begann auf der Laukko-Farm im finnischen Tampere mit Springpferden zu arbeiten. Im darauf folgenden Jahr ging sie nach Neumünster und arbeitete dort neun Monate lang mit Walter Christensen. Piccolo begleitete sie. In den folgenden Jahren reiste sie zwischen Neumünster und Helsinki hin und her und pachtete 1976 in ihrer alten Reitschule Keskustalli ein Stallgebäude. Sie nannte ihren Stall, den sie gewerblich betrieb, »Helsingin Kilpatallli«, Turnierstall von Helsinki.

1978 gab sie mit Piccolo ihr internationales Debüt, indem sie in Aachen die »kleine Tour« mitritt, und ritt in Strömsholm ihren ersten Grand Prix. 1979 trainierte Kyra in Deutschland unter Herbert Rehbein und gewann in Naestved in Dänemark auf Piccolo die skandinavischen Meisterschaften im Dressurreiten.

1980 wurden Kyra und Piccolo Fünfte bei den olympischen Spielen in Moskau. Bei den nächsten olympischen Spielen, die 1984 in Los Angeles stattfanden, ritt Kyra Maarit Raiskios Pferd Nör. Sie wurden zwar nur Neunzehnte, trotzdem jedoch etablierte sie sich mit Nör als Spitzenreiterin. Im selben Jahr gewann sie mit ihm das bekannte Hamburger Dressurderby; diesen Sieg konnte sie 1988 mit Matador wiederholen.

1981 begann sie einen dreijährigen dänischen Hengst namens Matador auszubilden, der im Besitz von Heikki Soras war. Sechs Jahre später wurde Matador an Kytäjän Kartanot verkauft, den größten privaten Pferdebetrieb in ganz Finnland. In diesem Jahr qualifizierten Kyra Kyrklund und Matador sich für die Europäischen Meisterschaften in Goodwood in England, wo sie in der Einzelwertung Siebte wurden.

1988 nahm Kyra zum dritten Mal an den olympischen Spielen teil. Mit Matador erzielte sie in Seoul einen beeindruckenden fünften Platz. Es war in der Geschichte der olympischen Spiele das erste Mal, dass Finnland eine Dressurmannschaft stellte, und es war eine kleine Sensation, als diese Mannschaft Sechste wurde.

Die ersten Weltreiterspiele, ein neuer Wettbewerb für alle pferdesportlichen Disziplinen, fanden 1990 im schwedischen Stockholm statt. Obwohl Matador im Jahr zuvor zwei Mal operiert werden musste – einmal wegen einer Kolik, ein zweites Mal wegen Komplikationen nach einem Eingeweidebruch – hatte Kyra ihn so erfolgreich wieder aufgebaut, dass er in Stockholm an den Start gehen konnte. Dort erzielten die beiden auch ihr bisher bestes internationales Ergebnis, die Silbermedaille in der Einzelwertung. Im folgenden Jahr gewannen sie in Paris den Volvo World Cup.

Ende 1991 wurde Matador nach Japan verkauft, und im selben Jahr kaufte Kyra Kyrklund in Russland den Trakehnerhengst Edinburg. Auf diesem ausdrucksvollen Rappen nahm sie 1992 in Barcelona zum vierten Mal an den olympischen Spielen teil. Mit einem fünften Platz erzielte Edinburg seinen internationalen Durchbruch. Sowohl bei den Europäischen Meisterschaften in Lippizza 1993 als auch bei den Weltmeisterschaften in Den Haag 1994 wurden Kyra und Edinburg Vierte und verpassten damit nur knapp eine Medaille.

Neben ihren unzähligen internationalen Siegen hat Kyra die finnischen Dressurmeisterschaften nicht weniger als zehn Mal gewonnen: 1972, 1976, 1977, 1978, 1979, 1983, 1986, 1987, 1988 und 1989.

1991 nahm Kyra das Angebot an, auf dem Gestüt Flyinge in Südschweden als Dressurausbilderin zu arbeiten. Bald wurde die traditionsreiche schwedische Hengststation zum internationalen Dressur-Mekka. Hier trainiert Kyra nicht nur ihren eigenen Hengst Edinburg, sondern auch zahlreiche andere Pferde, darunter Flyinge Amiral und den vielversprechenden schwedischen Junghengst Master.

1995 stellte Kyra Flyinge Amiral auf der Europameisterschaft in Luxemburg vor und wurde in der Einzelwertung Zehnte. Das Pferd hatte erst in diesem Jahr das Grand Prix-Niveau erreicht.

Unglücklicherweise zog sich Flyinge Amiral bei den olympischen Spielen in Atlanta 1996 eine Woche vor dem Wettbewerb eine ernsthafte Augenverletzung zu. Dank der Hilfsbereitschaft der amerikanischen Tierärzte konnte er zwar starten, doch das

Danksagung

Mein besonderer Dank gilt meinen Eltern Ulli und Bengt Kyrklund. Ohne die fantastische Unterstützung, die sie mir besonders in den schwierigen Zeiten gewährt haben, hätte ich niemals den Rückhalt gehabt, der es mir ermöglicht hat, dieses Buch zu schreiben.

mangelnde Training zeigte sich in einer schwachen Vorstellung beim Grand Prix und im 28. Platz.

Nur wenigen Reitern ist es gelungen, so viele verschiedene Pferde für internationale Wettbewerbe auf Grand Prix-Niveau auszubilden und erfolgreich vorzustellen. Kyra hat dieses außergewöhnliche Ergebnis elf Mal erzielt: mit Piccolo, Nör, Matador, Ramon Navaro, Edinburg, Vancouver, Flyinge Amiral, Midt-West Ibi-Light, Dakar, Patrick of Finland und ihrem Nachwuchspferd Master.

Kyra Kyrklund trainiert die finnischen Kader der Junioren und der jungen Reiter, die seit 1985 bei skandinavischen und europäischen Meisterschaften Einzel- und Mannschaftsmedaillen gewonnen haben. Sie bildet ihre Pferde selbst aus, nimmt an wichtigen nationalen und internationalen Turnieren teil, arbeitet täglich mit Schülern der verschiedensten Nationalitäten und findet daneben noch die Zeit, als angesehene und hochgeschätzte Ausbilderin die ganze Welt zu bereisen und an verschiedenen Symposien und Seminaren zum Thema Dressurreiten teilzunehmen.

Kyra Kyrklunds Spezialität sind ihre kommentierten Vorführungen, bei denen sie zeigt, wie sie Pferde von der Grundausbildung bis zum Grand Prix-Niveau führt. Während sie reitet, erklärt und zeigt Frau Kyrklund, wie sie ihre bekannte Methode des freundlichen, aber bestimmten Umgangs mit Pferden einsetzt und dabei ein logisches und konsequentes System benutzt, mit dem sie ausgezeichnete Erfolge erzielt. Dieses System hat sie nicht nur zu einer der besten Dressurreiterinnen der Welt gemacht, sondern auch zu einer der beliebtesten und anerkanntesten Dressurausbilderinnen überhaupt. Diese Vorführungen waren der Hauptgrund dafür, dieses Buch zu schreiben: Wenn in einer langen Vorführung so viele Informationen und Ratschläge vermittelt werden, kann es schwierig werden, sich all die Details zu merken. Dieses Problem hoffen wir auf den folgenden Seiten zu lösen.

Vorwort von Jytte Lemkow

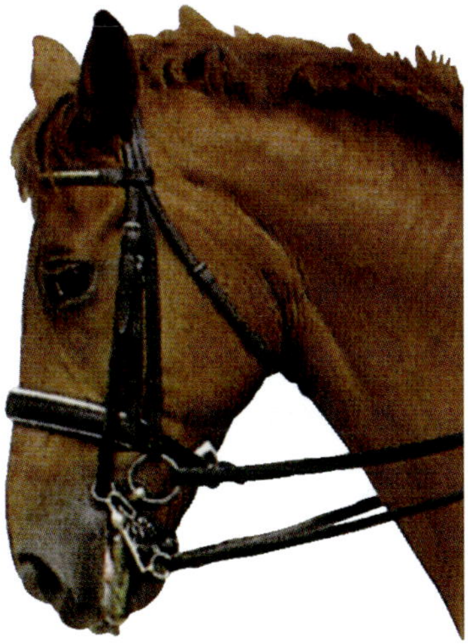

Manchmal ist es ganz gut, wenn man im Voraus nicht weiß, welchen Umfang ein geplantes Vorhaben annehmen und wie schwierig es werden wird. Hätte ich gewusst, wie aufwendig es werden würde, dieses Buch zu schreiben, hätte ich sicher nicht einmal die Artikel geschrieben, die seine Grundlage bilden. Selbst in meinen kühnsten Träumen hatte ich mir nicht vorstellen können, dass es so schwierig sein könnte, die Gedanken und Theorien eines anderen Menschen auszudrücken. Weder Kyra noch ich ahnten, wie viel Arbeit mit diesem Projekt auf uns zukam.

Trotzdem hat es viel Spaß gemacht und war sehr lehrreich, mit Kyra zusammen zu arbeiten, die nicht nur sehr liebenswert ist und trotz ihrer Erfolge und ihrer Berühmtheit mit beiden Beinen auf dem Boden steht, sondern gleichzeitig sehr professionell und trotzdem bescheiden an ihren Sport herangeht.

Nicht eine meiner endlos vielen Fragen blieb unbeantwortet; nicht eine wurde mit »so ist das eben« abgefertigt. Oft wurde über theoretische und praktische Fragen lange nachgedacht, und es war wunderbar, mit jemandem zu arbeiten, der alles genau durchdacht hat und weiß, was er will.

Kyra und ich hoffen, dass das Resultat unserer Arbeit zufriedenere Pferde sind, die einfühlsamer behandelt und geritten werden.

Wenn die Reiter, die dieses Buch lesen, dabei auch nur halb so viel lernen wie ich während der Arbeit daran, war es den Aufwand wert. Obwohl ich seit vielen Jahren reite, habe ich das Gefühl, dass mir das Reiten jetzt mehr Genuss und Befriedigung verschafft als jemals zuvor. Um mit Worten ausdrücken zu können, wie eine Lektion exakt geritten werden muss, musste ich Kyras Methode hundertprozentig verstehen. Ich hatte dabei einen Vorteil gegenüber den Lesern – ich konnte Kyra fragen, wenn ich mir nicht sicher war.

Die Zusammenarbeit mit Kyra Kyrklund entstand aus dem Wunsch heraus, ihren Vorstellungen vom Umgang mit Pferden und vom Reiten eine größere Verbreitung zu verschaffen. Leider teilen nicht alle Berufsreiter ihre Einstellung gegenüber Pferden, und es gibt eine Menge Amateurreiter, die ihre Pferde schlecht reiten und schlecht behandeln – meist aus Mangel an Wissen, Technik oder Begabung.

Wir sind uns beide bewusst, dass kein Reiter sich plötzlich in einen fantastischen Pferdemenschen verwandeln wird, nur weil er unser Buch gelesen hat. Es ist schwierig, allein auf Grund eines geschriebenen Textes seine Reitweise von Grund auf zu verändern. Wer Kyras Prinzipien und Ideen

Das dänische Warmblut Raket spielte 18 Monate lang geduldig das Versuchskaninchen für Jytte Lemkow. Alle Ideen und Theorien, die seine Reiterin von Kyra Kyrklund lernte, wurden zunächst an ihm ausprobiert, ehe sie niedergeschrieben wurden.

wirklich umsetzen will, dem werden ihre Lehrvideos eine unschätzbare Hilfe sein.

Über das Reiten einzelner Lektionen kann man aus diesem Buch sehr viel lernen. Hier kann sich der Leser jede Menge wertvoller Tipps holen, auch wenn er sich nicht aufs Dressurreiten spezialisiert hat. Für mich sind Kyras Ratschläge zur Vorbereitung und Vereinfachung verschiedener Lektionen besonders wichtig. Sie gliedert ihre Anweisungen so gut und lehrreich auf, dass sie mit Sicherheit auch für Menschen von Nutzen sind, die ihre Pferde mit Hilfe eines anderen Systems reiten. Tatsächlich sind viele der Vorstellungen, die Kyra hier darlegt, so einfach, dass man sich nur wundern kann, warum man nicht selbst darauf gekommen ist. Sie hat eine Begabung dafür, anderen Dinge näher zu bringen.

Kyra hofft, dass ihre offene Darlegung ihrer Methoden Reiter veranlassen wird, selbst mehr nachzudenken und zu bewerten, was sie tun und warum. Allein das sollte bereits dazu beitragen, mit dem eigenen Pferd besser zurecht zu kommen, selbst wenn man nicht jede Anweisung bis ins Kleinste befolgt.

Kyras grundlegende Theorie lautet: Wenn das Pferd nachgeben soll, muss zunächst der Reiter nachgeben. Für viele Reiter mag das eine ganz neue Denkungsweise sein, denn die meisten reiten nach dem Prinzip »festhalten, bis das Pferd nachgibt, und dann selbst nachgeben« – doch viele kommen nie bis zu dem Punkt, wo es ans Nachgeben geht.

Solange man diese Theorie – dass der Reiter zuerst nachgibt – im Schritt oder im Halten anwendet, ist es ja noch ganz einfach. Will man jedoch Trab, Galopp und vor allem die versammelten Gangarten reiten, muss man – wie Kyra – sehr gut über den Sitz einwirken und ausgezeichnet im Gleichgewicht sitzen können, um zu verhindern, dass das Pferd die Energie von hinten verliert, und um es auch im langsamen Tempo Schub- und Tragkraft beibehalten zu lassen.

Meiner Meinung nach sind Kyras Vorstellungen zur Versammlung fast schon revolutionär. Sie erklärt, dass man Versammlung nicht dadurch erreicht, dass man das Pferd vorne festhält, während man es von hinten anschiebt. Kyra verringert das Tempo und gibt dem Pferd gleichzeitig vorne Raum, so dass es sein Gleichgewicht selbst finden kann, indem es die Hinterbeine weiter unter den Körper setzt. Das mag sich einfach anhören, doch um diese Technik vollständig zu meistern, muss man daran arbeiten, sich die Feinfühligkeit, das reiterliche Gefühl und die starke Einwirkung anzueignen, über die Kyra verfügt. Außerdem braucht man dazu ein empfindsames Pferd. Trotzdem bin ich überzeugt, dass wir weniger Pferde mit ruiniertem Schritt und Galopp sehen würden, wenn mehr Reiter diese Technik ausprobieren würden, denn gerade diese Gänge werden von einer unnachgiebigen Hand am deutlichsten negativ beeinflusst.

Was die Zügelanlehnung betrifft, bin ich der Meinung, dass Kyras Theorie, man solle sich beim Einüben einer neuen Lektion nicht den Kopf darüber zerbrechen, ob das Pferd am Zügel steht, sehr gut ist. In der Übungsphase kann man eine Menge Frustration vermeiden, wenn man nicht darauf besteht, dass das Pferd korrekt am Zügel steht und gleichzeitig die Lektion richtig durchführt.

Außerdem war es eine neue Entdeckung für mich, dass man in der Lernphase lieber das Tempo zurücknehmen sollte, wenn man ein Problem hat. Das widerspricht der üblichen Regel, immer vorwärts zu reiten. Will ein Pferd nicht vorwärts gehen, reagiert es ungehorsam, indem es stehen bleibt oder gar rückwärts geht, muss man natürlich vorwärts reiten. Wenn aber ein Pferd eine Lektion noch nicht beherrscht, sollte man es unterlassen, seine natürlichen Instinkte auf den Plan zu rufen und es vor dem Problem flüchten zu lassen. Hier ist es dann die bessere Taktik, die Lektion zunächst ruhig und langsam zu üben, ehe man das Tempo auf die korrekte Geschwindigkeit für diese Lektion steigert.

Eine weiterer wertvoller Grundgedanke ist die Theorie des »Roller-Effekts« (siehe S. 46) bei der Einwirkung auf das Pferd, wonach man warten soll, bis die Reaktion auf eine Hilfe nachlässt, um dann die Einwirkung durch die Hilfe zu wiederholen. So bleibt ein Pferd viel feinfühliger. Diese Technik kann man immer einsetzen, egal, ob man beim Lehren einer Lektion Kyras Anleitung befolgt oder eine eigene Methode vorzieht.

Nur eine Hand voll Menschen werden jemals in der Lage sein, Piaffe und Passage nur dadurch ebenso gut zu reiten wie Kyra Kyrklund, dass sie lesen, wie Kyra ihre Pferde ausbildet. Man braucht dazu ein fast magisches Gefühl für Pferde – eine Begabung, über die nur wenige Menschen verfügen –, doch es verstößt keineswegs gegen die Regeln, es wenigstens zu versuchen.

Dieses Buch gibt einen ehrlichen und tiefen Einblick in die Methoden, mit denen eine der besten Reiterinnen der Welt ihre Pferde reitet und ausbildet. Wie Sie dieses Wissen einsetzen, müssen Sie selbst entscheiden.

Beim Lesen dieses Buches könnte der Eindruck entstehen, dass immer alles glatt geht, wenn Kyra reitet. Natürlich ist das nicht

Die Autorinnen

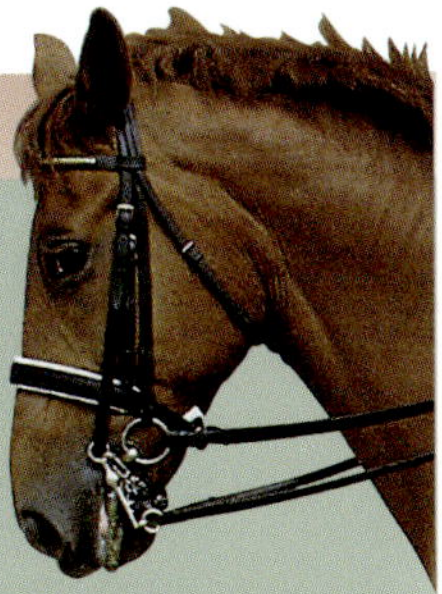

Kyra Kyrklund ist seit vielen Jahren im Spitzenfeld der Weltklasse-Dressurreiter zu finden. Nicht weniger als elf Pferde hat sie bis zum internationalen Grand Prix-Niveau ausgebildet und vorgestellt – eine außergewöhnliche Leistung, die nur wenige Reiter jemals erzielt haben. In ihrer Heimat Finnland hat sie zehn Mal die Nationalmeisterschaft im Dressurreiten gewonnen; sie hat hintereinander an fünf Olympischen Spielen teilgenommen, bei den Weltreiterspielen 1990 eine Silbermedaille errungen und 1991 den Volvo-Weltcup gewonnen. Zu den Pferden, die unter ihr Weltruhm erlangten, gehören Matador, Edinburg, Flyinge Amiral sowie ihr Nachwuchspferd Master. Derzeit arbeitet sie als Chefausbilderin am Schwedischen Nationalgestüt.

Jytte Lemkow, in Dänemark geboren, ist erfahrene Reiterin, internationale Dressurrichterin, Pferdejournalistin, Fotografin und professionelle Designerin. Sie hat sich für dieses Buch mit Kyra Kyrklund zusammen getan, weil sie davon überzeugt ist, dass das Kyrklund-System Reitern und Pferden aller Leistungsstufen viel zu bieten hat und weil Kyra Kyrklund Pferde mit Pferdeverstand und Freundlichkeit ausbildet. Ihre Bilder und Zeichnungen veranschaulichen das Kyrklund-Ausbildungssystem und machen manches deutlicher.

Bei den Olympischen Spielen 1980 in Moskau fanden Kyra Kyrklund und Jytte Lemkow sich auf entgegengesetzten Seiten: Kyra Kyrklund nahm auf Piccolo an den Wettkämpfen teil, während Jytte Lemkow als Richterin eingesetzt war. Nun sind sie auf der selben Seite und haben sich zusammen getan, um eine Reihe von Artikeln zu schreiben, die die Grundlage für dieses Buch bilden.

immer der Fall. Wenn ein Pferd offensichtlich ungehorsam ist oder seinen Reiter, sich selbst oder andere in Gefahr bringt, muss auch sie zu Disziplinarmaßnahmen greifen. Das Pferd muss den Reiter jederzeit als Chef akzeptieren und ihm gehorchen. Manchmal bedeutet das, dass man sehr deutlich werden muss, doch die wichtigsten Voraussetzungen für das Lernen sind immer noch Geduld, gesunder Menschenverstand und Verständnis für das Pferd.

Kyras grundlegender Gedanke ist der, dass ein Pferd freudig mitarbeiten muss, weil es auf eine Belohnung wartet, und nicht voller Angst, weil es Bestrafung oder Schmerzen befürchtet. Außerdem vertritt sie die Ansicht, dass Reiten niemals zu einem Kräftemessen zwischen Pferd und Reiter werden darf, denn diesen Kampf wird der Reiter verlieren. Der Reiter sollte seine überlegene Intelligenz einsetzen, um die überlegene Kraft des Pferdes im Zaum zu halten. Die Intelligenz des Reiters und die Kraft des Pferdes sollten in einer harmonischen und respektvollen Partnerschaft zusammenfinden, die die unterschiedlichen Talente der beiden Partner zu ihrem Vorteil nutzt und so das Pferd zu optimaler Leistung befähigt. So zeigt sich das Pferd zufrieden und in Harmonie mit seinem Reiter – was man an Kyras Pferden im Dressurviereck gut sehen kann.

Wenn Sie als Leser frustriert merken, dass Dinge nicht klappen, obwohl Sie versucht haben, sich strikt an Kyras Anweisungen zu halten, lassen Sie sich folgendes sagen: Kyra Kyrklund ist sich sehr wohl bewusst, dass ihre Anweisungen – wie die jedes anderen Ausbilders – für das Idealpferd gelten. Leider gibt es kein solches Pferd! Ihr eigener bescheidener Kommentar dazu lautet: »Leider geht, gemessen an all meinen eigenen Prinzipien, nicht ein Einziges meiner Pferde perfekt.«

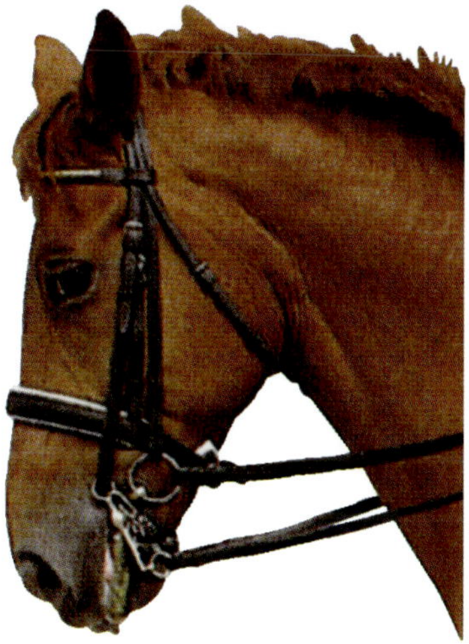

KAPITEL 1

Die Kommunikation mit dem Pferd – keine Einbahnstraße

Eine gemeinsame Sprache für Mensch und Pferd

Wenn Sie nur Ihre Muttersprache sprechen und sich mit einem Japaner unterhalten wollen, der ihre Sprache nicht spricht, dann haben Sie beide eine schlechte Grundlage für ein gegenseitiges Verstehen. Da hilft es auch nichts, wenn Sie weiterhin Ihre Sprache sprechen und dabei immer lauter werden. Das einzige Resultat ist ein verwirrter, frustrierter Japaner, der immer noch nicht versteht, was Sie zu sagen versuchen. Dieses Beispiel kann man sehr gut auf die Kommunikation zwischen Pferd und Reiter übertragen. Auch hier gibt es keine gemeinsame Sprache, doch der Reiter kann seine eigene »Sprache« schaffen, um sich mit seinem Pferd zu verständigen: Indem er es lehrt, auf bestimmte Signale in einer bestimmten Art zu reagieren. Diese Signale müssen klar, einfach und leicht zu verstehen sein, und der Reiter sollte so lange üben, bis er die Signale genau beherrscht und sie immer feiner geben kann.

Das Pferd gibt seinerseits eine Menge Signale, die seine Laune und sein Temperament widerspiegeln. Diese Signale muss der Reiter interpretieren können, wenn er eine Kommunikationsform schaffen will, die es dem Pferd ermöglicht, ihn zu verstehen.

Diese »Sprache« muss aus grundlegenden »Buchstaben« bestehen, dem »Alphabet«. Mit fortschreitender Ausbildung können Sie aus diesem Alphabet immer mehr Buchstabenkombinationen bilden, die Sie schließlich zu »Wörtern« zusammensetzen können, also zu komplizierteren Befehlen.

Verschiedene Systeme

Im Laufe der Jahrtausende, die der Mensch mit dem Pferd zusammenlebt, hat er erkannt, dass er eine verständliche Sprache schaffen muss, wenn er mit dem Pferd zusammenarbeiten will. So wie jede Sprache verschiedene Dialekte hat, sind im Laufe der Zeiten verschiedene Kommunikationssysteme benutzt worden, je nachdem, wofür die Pferde eingesetzt wurden und welche Art von Pferden verfügbar war. Beispielsweise waren in Deutschland die Pferde eine Zeit lang ziemlich schwer, so dass sie mit starken Hilfen geritten werden mussten. In Frankreich, Amerika und Russland waren die Pferde dagegen viel leichter und hochgezüchteter, so dass man sie mit feineren Techniken reiten musste.

Was die Ausbildungssysteme anbelangt, führen auch heute noch »viele Wege nach Rom«. Wenn man in der Geschichte zurückblickt, kann man sehen, dass jede Epoche ihre bevorzugten Systeme oder Methoden hatte, die dann in Mode kamen. Selbst wenn Sie an ein bestimmtes System glauben, zum Beispiel an die deutsche Reitlehre (die heute wohl das bekannteste System ist, weil die deutschen Dressurreiter so überwältigende Erfolge verzeichnen), müssen Sie darauf achten, nicht mit Scheuklappen durch die Gegend zu laufen. Jedes System hat seine Vor- und Nachteile; auch wenn Sie überzeugter Anhänger einer bestimmten Methode sind, sollten Sie für Ideen aus anderen Systemen offen bleiben. In jeder Methode gibt es Punkte von großem Wert. Wichtig ist, dass Sie das eigene System dem Pferd anpassen, das Sie reiten, und auch der Art von Reiter, die Sie selbst sind. Ehe Sie jedoch mit dem Experimentieren anfangen, sollten Sie erst ein System wirklich beherrschen.

Klare Signale

Für mich ist es von unschätzbarem Wert, ein klares und einfaches System für das Reiten zu haben – was vor allem bedeutet, *dass das Pferd so leicht und fein wie möglich auf die Hilfen reagiert.* So schone ich nicht nur die Kräfte des Pferdes, sondern auch meine eigenen

– was ebenso wichtig ist, wenn man jeden Tag mehrere Pferde reitet. Wenn man körperlich erschöpft ist, reagiert man eher gereizt und verliert leichter die Geduld mit dem Pferd. Außerdem hat der Reiter einen großen Vorteil, wenn er seine Muskeln nicht mehr benutzen muss als unbedingt nötig: Auf diese Weise kann er die Hilfen sehr fein dosieren.

Es kann schwierig sein, die Sprache des anderen zu lernen! Kyra Kyrklund und ihr Russenhengst Edinburg nehmen Unterricht in Russisch und Schwedisch.

Einem Pferd beizubringen, auf sehr leichte Hilfen zu reagieren, bringt auch einen großen Vorteil für diejenigen, für die man das Pferd ausbildet. Kinder und junge Reiter müssen das Pferd ebenfalls reiten können, haben jedoch häufig weniger Kraft als der Ausbilder oder die Ausbilderin.

Belohnung und Strafe

Wie bei jeder Form der Arbeit mit Tieren beruht das Kommunikationssystem auf Strafe und Belohnung. Unter Strafe versteht man oft den Einsatz von Gerte oder Sporen, als Belohnung könnte ein Klopfen am Hals oder ein Stück Zucker zum Einsatz kommen. Bei meiner Interpretation dieser beiden Worte gehe ich so weit, es als »Belohnung« zu betrachten, wenn der Reiter aufhört, auf das Pferd einzuwirken, und zu behaupten, dass es eine »Bestrafung« ist, wenn er weiter einwirkt – selbst in ihrer mildesten Form ist reiterliche Einwirkung für das Pferd eine unangenehme Sache.

Pferde sind von Natur aus sehr feinfühlig – man denke nur einmal daran, wie heftig sie auf eine Fliege reagieren können. Bei der eigenen Kommunikation mit dem Pferd sollte man versuchen, diese Feinfühligkeit zu erhalten und positiv zu nutzen. Ist man zu grob oder gibt man zu viele Signale auf einmal, bleibt das Pferd nicht lange feinfühlig. Es wird ihm ebenso gehen wie einem Menschen, der normalerweise auf dem Lande lebt, wo es ruhig und friedlich ist, und nun längere Zeit in einer großen Stadt wohnt, wo er feststellen muss, dass er nachts nicht schlafen kann. Allmählich jedoch gewöhnt er sich an den Lärm und die Hektik, seine Sinne stumpfen ab, und er kann wieder schlafen.

Hat der Reiter beschlossen, dass er von seinem Pferd etwas Bestimmtes erwartet, muss er sehr schnell mit einer Belohnung

Das Puzzle-Konzept

Wenn Sie eine neue Lektion zum ersten Mal probieren, dürfen Sie kein perfektes Ergebnis erwarten. Stellen Sie sich das Ganze wie ein Puzzle vor: Seien Sie anfangs zufrieden, wenn Sie einige wenige passende Teile finden, aber – und das ist ungeheuer wichtig – haben Sie im Geiste immer das fertige Puzzle vor sich.

bei der Hand sein, wenn das Pferd wie gewünscht reagiert. So weiß das Pferd, dass es getan hat, was der Reiter wollte.

Stellen Sie sich ein Kind vor, das Laufen lernt. Jeder rechnet damit, dass es immer wieder auf sein Hinterteil fällt und dass seine ersten wackeligen Versuche ziemlich komisch aussehen werden. Jeder weiß, dass das Kind mit der Zeit sein Gleichgewicht finden und laufen wird. Niemand käme auch nur im Traum auf die Idee, das Kind jedes Mal zu bestrafen, wenn es hinfällt. Wäre das der Fall, so würde es ganz sicher sehr schnell aufgeben und keine weiteren Versuche unternehmen.

Wenn die Reaktion des Pferdes nicht ganz so ausfällt, wie Sie es wollten, denken Sie daran, dass eine fehlerhafte Reaktion besser ist als gar keine. Selbst wenn das Pferd einen Fehler macht – es versucht wenigstens, etwas zu tun!

Die Hilfen des Reiters

Als Reiter stehen Ihnen folgende Kommunikationsmittel, auch Hilfen genannt, zur Verfügung: die *Schenkel*, die *Hände* (und als ergänzendes Hilfsmittel die *Stimme*), sowie das *Gewicht* (über den Sitz), das die wichtigste Hilfe darstellt.

Ob der Reiter es nun beabsichtigt oder nicht, sein Gewicht übt die ganze Zeit Einfluss auf das Pferd aus. Unter Gewicht verstehe ich hier den Mittelpunkt oder den Schwerpunkt des gesamten Reitergewichts im Sattel, das sich von der Brust über Bauch und Becken bis in die Oberschenkel erstreckt. Diese »Mittelpositur« des Reiters wird über Muskeltonus und Körperbeherrschung gesteuert, so dass die Gewichtshilfen der Mittelpositur zum Kontrollzentrum der gesamten reiterlichen Einwirkung werden. Die Reaktion des Pferdes auf alle Schenkel- und Zügelhilfen hängt davon ab, welche Gewichtshilfen gegeben werden. Je nachdem, wie der Reiter sein Gewicht im Bezug auf das Gleichgewicht des Pferdes positioniert, kann er das Pferd langsamer oder schneller gehen oder wenden lassen.

Wenn das Reitergewicht auf dem Pferd falsch plaziert ist, ist das ungefähr so, als würde ein Mensch einen schweren Rucksack tragen, der nicht gleichmäßig gepackt ist. Sind Träger und Rucksack nicht im Gleichgewicht, muss der Mensch krumm gehen und sich unbequem bewegen, um einen Ausgleich für das unausbalancierte Gewicht zu schaffen. Auf das Reiten angewendet heißt das, wenn der Reiter schief sitzt, kann auch das Pferd nicht gerade bleiben, es wird sich schief bewegen. Das Pferd wird instinktiv immer versuchen, sein eigenes Gleichgewicht mit dem des Gewichtes auf seinem Rücken in Übereinstimmung zu bringen. Im beschriebenen Falle ist das unerwünscht, doch man kann sich diese Reaktion des Pferdes auch zu Nutze machen.

Wenn der Reiter das Gefühl hat, dass das Pferd sich schief bewegt, und er nicht weiß, warum (weil er sich nicht bewusst ist, dass er einen Gesäßknochen mehr belastet als den anderen), dann versucht er vielleicht, das Pferd mit Hand und Schenkel gerade zu

Je sensibler, desto besser!

Im internationalen Dressursport werden heutzutage oft sehr sensible Pferde geritten. An diesem Trend orientieren sich viele andere Reiter. Man darf jedoch nicht vergessen, dass es zwar einfacher sein mag, mit einem sensiblen Pferd zu kommunizieren, dass sich ein aufmerksames und intelligentes Pferd allerdings auch leichter schlechte Angewohnheiten aneignet. Ein sensibles Pferd braucht einen sehr sensiblen und erfahrenen Reiter, während zu einem noch nicht so erfahrenen Reiter ein weniger empfindsames Pferd besser passt. Sind Sie allerdings in der Lage, mit einem lebhaften und vorwärts drängenden Pferd umzugehen, können Sie andererseits viel positiver reiten, weil ein solches Pferd einem auch mehr Gelegenheit zu Lob und Belohnung gibt. Ein schwergängiges, träges Pferd dagegen muss man ständig treiben, was an sich schon eine Art Bestrafung ist und beim Reiten leicht zu negativen Tendenzen führt.

Achten Sie nicht allzu sehr darauf, was gerade in Mode ist, wenn Sie sich nach einem Pferd umsehen. Wählen Sie lieber ein Pferd, das Ihren eigenen Bedürfnissen, Ihrem eigenen Temperament und vor allem Ihren eigenen Reitkünsten entspricht. Ein Pferd, das ausgezeichnet zu einem bestimmten Reiter passt, kann für einen anderen völlig nutzlos sein. In einigen Jahren werden Sie vielleicht ein ganz anderes Pferd brauchen als das, welches jetzt gerade zu Ihnen passt.

richten. Dazu wird er sicher zu viele »Hilfen« einsetzen und einen neuen Fehler schaffen, weil er den anderen zu korrigieren versucht. Es wäre viel korrekter und einfacher, den ursprünglichen Fehler zu korrigieren, in diesem Falle also den schiefen Sitz des Reiters.

Um Gewichtshilfen korrekt einsetzen zu können, muss man gut im Gleichgewicht sein und seinen Körper gut beherrschen. Je sensibler ein Reiter ist, desto sensibler kann das Zusammenspiel von Pferd und Reiter ablaufen – und umgekehrt. Ist der Reiter nicht im Gleichgewicht und verfügt er nicht über genug Körperbeherrschung, wird er zu viele falsche Signale geben und damit das Pferd so verwirren, dass es nur langsam reagiert. Das Pferd kann schließlich nicht unterscheiden, welche Signale der Reiter bewusst gibt und welche nicht.

Es ist falsch, ein Pferd wie einen Computer zu betrachten, bei dem ein bestimmtes Signal immer zur selben Reaktion führt. Pferde reagieren nicht immer gleich – manchmal sind sie frisch, manchmal sind sie müde. Auch können die Reaktionen im Laufe der Zeit abstumpfen, weil das Pferd vom Reiter ständig unklare Signale bekommt.

Erwartungen und Voraussetzungen

Viele Reiter neigen dazu, dem Pferd die Schuld zu geben, wenn es einen Fehler macht oder nicht so reagiert, wie sie es wollten. Sehr oft sollten sie den Fehler lieber bei sich selbst suchen. Kein Pferd verbringt 23 Stunden am Tag in der Box damit, darüber nachzudenken, wie es seinem Reiter am nächsten Tag das Leben schwer machen kann. Kein Pferd beschließt »Morgen biege ich mich auf der rechten Hand nicht« oder »Ich werde absolut nicht am Zügel gehen«. *Pferde gehen so, wie sie geritten werden!*

Auch wenn ein Pferd nicht »super« aussieht, kann fast jedes Pferd, egal welcher Rasse es angehört, sich »super« anfühlen, wenn es richtig geritten wird. Ich habe Pferde aller möglichen Rassen geritten, Ardenner, finnische Kaltblüter, Araber, Vollblüter, russische Pferde und Warmblüter, und bei jedem etwas Gutes gefunden. Ich glaube, dass es für jedes Pferd den richtigen Platz im Leben gibt; es ist Aufgabe des Menschen, für jedes einzelne Pferd den richtigen Platz zu finden.

Manche Pferde sind intelligenter als andere, manche haben einen einfachen Charakter, aber ich glaube nicht, dass es Pferde gibt, die absolut nichts lernen können. Sehr oft wehrt sich ein

KAPITEL 2

Die Geschichte des Dressurreitens und des Dressursitzes

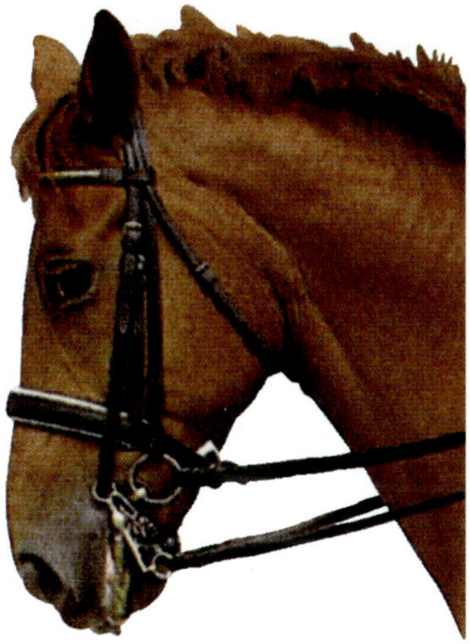

Die Wurzeln des Dressurreitens

Warum reiten Menschen Dressur? Wo liegen die Wurzeln des Dressurreitens? Der Mensch benutzt das Pferd zwar seit Tausenden von Jahren als Transportmittel, doch ihren Ursprung hat die Dressur beim Militär. Das älteste bekannte Dokument, das sich mit der Ausbildung des Pferdes zu Kriegszwecken befasst, wurde 430 v. Chr. von Xenophon geschrieben. In seinem Werk finden sich viele Prinzipien und Vorstellungen, auf die wir in der Ausbildung von Pferden auch heute noch zurückgreifen.

Vom Schlachtross zum Dressurpferd

Die erste Anforderung an ein gutes Schlachtross lautete, dass es leicht zu lenken sein sollte. Die Soldaten mussten mit einer Hand reiten, weil sie mit der anderen die Waffe führten. Das Pferd musste unbedingt gehorsam sein; es musste in jeder Situation dorthin gehen, wo der Reiter es haben wollte. Es musste sich auf seinen Reiter verlassen, ihm vertrauen und ihn als seinen ranghöheren Führer anerkennen. Nur so konnte ein Kriegspferd die eigene Angst und den angeborenen Fluchtinstinkt überwinden – ein Pferd, das in der Schlacht die Nerven verlor und in das Heer des Feindes hineinpreschte, war nutzlos.

Es war jedoch nicht nur wichtig, dass der Reiter sein Pferd in jeder Situation im Griff hatte, sondern auch, dass das Pferd gut ausgebildet und ausreichend trainiert war, damit es für seine

Arbeit gesund blieb. Im 18. Jahrhundert entdeckte der Franzose Robichon de la Guérinière, wie wichtig gymnastizierende Übungen für Pferde sind. Diese Übungen kräftigten die Muskeln und verhinderten so Verletzungen an Gelenken und Sehnen. La Guérinière bezog auch die Psychologie des Pferdes in seine Überlegungen mit ein. Die Lektionen, die man einem Pferd zu de la Guérinières Zeiten beibrachte, und die heute immer noch zur Dressurausbildung gehören, wurden nicht um ihrer selbst willen gelehrt. Sie dienten dazu, zu überprüfen, ob Ausbildung und Gymnastizierung die gewünschte Wirkung hatten. La Guérinières *Ecole de Cavalerie* ist das System, auf das wir uns beziehen, wenn wir von der Klassischen Reitkunst sprechen, welche wiederum die Grundlage jenes Sports ist, der heute Dressurreiten genannt wird.

In den Internationalen Regeln für das Dressurreiten ist festgeschrieben, dass das Ziel der Dressur die harmonische Entwicklung der Fähigkeiten und des Erscheinungsbildes des Pferdes sind. Das Pferd soll den Eindruck vermitteln, das, was von ihm verlangt wird, aus freiem Willen zu tun. Der Grund hierfür liegt nicht nur darin, dass dies auf den ersten Blick schön aussieht. Eine Lektion kann nur dann *leicht aussehen*, wenn das Pferd sie *mit Leichtigkeit ausführt*. Man könnte auch sagen: Was man dem Pferd korrekt beigebracht hat, fällt ihm leicht. Deswegen wird beim Richten von Dressurprüfungen darauf großer Wert gelegt.

Der Sitz des Reiters

Damit das Reiten leicht aussieht, muss der Reiter zunächst in der Lage sein, korrekt auf das Pferd einzuwirken. Dazu muss er so auf dem Pferd sitzen, dass optimale Einwirkung möglich wird.

Die richtige Position

Wie sitzen Sie also im Sattel? Als Erstes müssen Sie dort sitzen, wo es für Reiter und Pferd am bequemsten ist. Dem Pferd fällt es am leichtesten, das Reitergewicht zu tragen, wenn der Reiter im tiefsten Punkt des Pferderückens sitzt, direkt hinter dem Widerrist; außerdem ist dies der Punkt, wo der Schwerpunkt des Reiters und der des Pferdes aufeinander fallen. Bei dieser Reiterposition haben die Pferdeschultern die größtmögliche Bewegungsfreiheit.

Körperbeherrschung

In jeder Sportart ist es wichtig, dass der Sportler in der Lage ist, seinen Körper zu beherrschen. Um seinen Körper richtig und kräftesparend einsetzen zu können, muss der Reiter eine gute Körperspannung halten. Das bedeutet, er muss entspannt, aber nicht schlaff sein können; sein Körper muss sich in gespannter Bereitschaft befinden, ohne sich zu verspannen oder zu versteifen. Auf diese Weise kann jeder Sportler zur richtigen Zeit und am richtigen Ort die größtmögliche Muskelkraft einsetzen. Beim Tennis beispielsweise führt der falsche Gebrauch der Muskeln häufig zu Verletzungen an Knien oder Ellenbogen (»Tennis-Ellenbogen«), so dass der Spieler nicht mehr trainieren oder an Wettkämpfen teilnehmen kann. Das ist beim Reiten nicht anders. Anders als bei anderen Sportarten wird bei falschem Gebrauch der Muskeln jedoch weniger der Reiter geschädigt, als viel mehr das Pferd. Wenn das passiert, gibt der Reiter normalerweise dem Pferd die Schuld, kauft sich ein Neues und macht mit seiner falschen Reiterei weiter.

Der richtige Sattel

Es ist wichtig, dass der Sattel sowohl dem Pferd als auch dem Reiter perfekt passt. Ist der Sattel schief, oder zwickt er auf dem Pferderücken, kann das Pferd niemals gute Arbeit leisten, ganz egal, wie viel man mit ihm trainiert. Dasselbe gilt für den Reiter. Es ist unmöglich, entspannt und korrekt zu sitzen, wenn der Sattel unbequem ist. Wenn Sie jetzt meinen, dass ein neuer Sattel zu teuer ist – immer noch viel billiger, als ein neues Pferd zu kaufen! Es kommt recht häufig vor, dass Pferde nicht mehr gut arbeiten, weil ein schlecht passender Sattel ihnen Schmerzen bereitet. Viele Reiter kaufen Sättel, die zu eng sind und deswegen nach vorne rutschen, so dass der Reiter zu sehr auf der Vorhand des Pferdes sitzt. Der Sattel sollte so liegen, dass sein tiefster Punkt sich in der Sattelmitte befindet. So kann der Reiter nahe am Schwerpunkt des Pferdes sitzen. Kann er nicht bequem sitzen, weil diese Schwerpunktlage nicht stimmt, wird er zu viel Kraft allein dafür aufwenden müssen, sich selbst im Gleichgewicht zu halten.

Die richtige Haltung

Wenn man sich den Reiter von vorne oder hinten ansieht, ist es sehr wichtig, dass er völlig gerade auf dem Pferd sitzt. Sein Gewicht muss gleichmäßig auf die beiden Gesäßknochen verteilt sein und vom Schambein gestützt werden. Dieses »Dreieck« ist der Mittelpunkt für Gleichgewicht und Einwirkung des Reiters. Von diesem Ausgangspunkt aus erstreckt der Sitz sich nach oben über Rumpf und Arme zum Kopf, und nach unten über Oberschenkel, Knie und Unterschenkel zu den Füßen.

Von der Seite her betrachtet, sollten Schulter, Hüfte und Absatz des Reiters eine gedachte senkrechte Linie bilden. Zehenspitze und Kniescheibe sollten ebenfalls auf einer senkrechten Linie liegen. Eine weitere gerade Linie sollte man vom Ellenbogen über das Handgelenk und durch den Zügel bis zum Pferdemaul ziehen können. Der Oberarm sollte leicht an die Körperseite angelegt werden. Wenn die Ellenbogen herausgedreht werden, werden Handgelenk und Hand steif, so dass der Reiter keine gefühlvollen Zügelhilfen geben kann.

Diese Dinge sind nicht neu, und ich werde in den späteren Kapiteln auf sie zurückkommen; es ist so ungemein wichtig, dass der Reiter korrekt sitzt, damit er korrekt auf das Pferd einwirken kann. Meiner Ansicht nach muss man nicht nur über die richtige Sitzhaltung reden, sondern auch über die Gründe dafür. Bei der Kavallerie wurde niemandem erklärt, warum er auf eine bestimmte Art sitzen oder Dinge auf eine bestimmte Art und Weise tun sollte. Die Soldaten hatten einfach zu tun, was man ihnen sagte, und wenn sie dazu nicht in der Lage waren, wurden sie nie gute Reiter. Heutigen Sportlern reicht es nicht, nur Befehle zu bekommen; sie wollen wissen, warum und wie etwas funktioniert. Das Verständnis dafür, warum man etwas ändern muss, verstärkt auch die Motivation, diese Veränderung zu erreichen, wodurch wiederum der Lernprozess erleichtert wird.

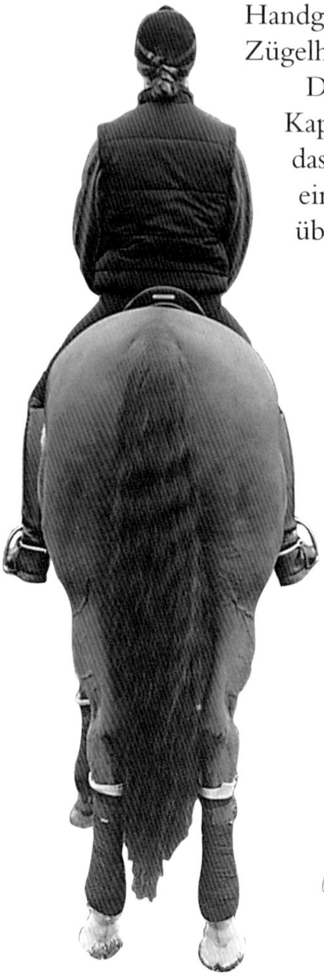

Von hinten und vorne gesehen, sollte der Reiter absolut gerade sitzen. Sein Gewicht sollte gleichmäßig auf die beiden Gesäßknochen verteilt sein und vom Schambein gestützt werden – das »Dreieck«.

»Spaltsitz« und »Stuhlsitz«

Kehren wir noch einmal zum Sattel zurück: Liegt der tiefste Punkt des Sattels zu weit vorne, passiert es leicht, dass der Reiter in den »Spaltsitz« rutscht,

bei dem die Beine nach hinten gedrückt werden. Liegt der tiefste Punkt zu weit hinten, wird der Reiter in den »Stuhlsitz« gezogen, bei dem die Beine nach vorne kommen und der Oberkörper zurückgelehnt wird. In dieser Haltung sitzt der Reiter hinter dem Schwerpunkt des Pferdes und kann nicht am Zügel nachgeben, ohne aus dem Gleichgewicht zu kommen. Man kann diese Haltung mit der eines Wasserskiläufers vergleichen, der sich an der Skileine festhalten muss, um nicht aus dem Gleichgewicht zu kommen. Sollte die Leine plötzlich durchhängen – wie beim Reiter, der mit der Hand nachgibt –, verliert der Wasserskiläufer das Gleichgewicht und fällt wahrscheinlich ins Wasser.

Der korrekte Sitz ist eine Grundvoraussetzung für gutes Reiten und optimale Einwirkung. Wenn der Reiter richtig sitzt, sollten Schulter, Hüfte und Absatz von der Seite gesehen eine senkrechte Linie bilden. Die Zehenspitze sollte in einer gedachten Senkrechten unter der Kniescheibe liegen. Vom Ellenbogen über das Handgelenk und den Zügel zum Pferdemaul sollte man ebenfalls eine gerade Linie ziehen können.

Der »Spaltsitz«, bei dem der Reiter nach vorne fällt und auf dem Schambein balanciert, wobei die Unterschenkel zu weit nach hinten geraten und am breitesten Teil des Pferdebauches anliegen.

Der »Stuhlsitz«, bei dem der Reiter – oft mit rundem Rücken – am Hinterzwiesel sitzt und die Knie hochzieht, so dass die Beine zu weit nach vorne rutschen.

Die Schenkel

Korrekt positioniert, liegen die Unterschenkel ungefähr zehn Zentimeter hinter dem Sattelgurt. Wenn sie an dieser Stelle liegen, sitzt der Reiter bestmöglich im Gleichgewicht und kann seine Beinmuskeln wirkungsvoll einsetzen. Das Pferd ist außerdem in diesem Bereich empfindsamer als weiter hinten, wo unter der Haut mehr Fett und weniger Nerven sitzen.

Auch die Länge der Steigbügel ist wichtig für eine gute Unterschenkelposition. Liegt das Knie korrekt gewinkelt, sollte der Reiter nur die Zehen anheben müssen, um den Steigbügel zu finden. Wenn die Bügelriemen zu kurz sind, zieht der Reiter die Knie hoch und legt zu viel Gewicht in die Steigbügel. So wird es schwierig, entspannt auf dem »Dreieck« zu sitzen. Bei zu langen Bügeln wird das Kniegelenk zu stark gestreckt, die Zehen zeigen nach unten und die Unterschenkel können keine ruhige, fühlige Verbindung zum Pferdebauch halten. Um überhaupt Einwirkung zu haben, müssen dann die Unterschenkel »klappern« und die Absätze hochgezogen werden.

Wenn der Reiter schief sitzt und sein Gewicht nicht gleichmäßig auf seine Sitzknochen verteilt hat, muss nicht nur das Pferd ein unausbalanciertes Gewicht auf dem Rücken schleppen; auch die Unterschenkellage des Reiters ist betroffen. Rutscht der Reiter nach rechts, weil er in der linken Hüfte eingeknickt ist, kann der linke Unterschenkel nicht am Pferd anliegen und korrekte Einwirkung nehmen (siehe Abb. S. 35 und 36).

Die Hände

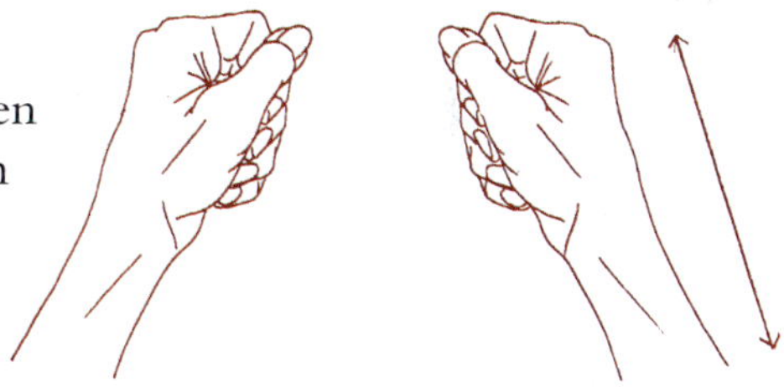

Korrekte Handhaltung: Die Außenseiten von Arm, Handgelenk und Handrücken sollten eine gerade Linie bilden.

Hände und Arme sollten wie beschrieben gehalten werden, weil der Reiter so seine Hände praktisch ohne Kraftaufwand tragen und auf diese Weise gefühlvoll Verbindung zum Pferdemaul halten kann. Aus demselben Grund sollten die Hände auf beiden Seiten des Pferdehalses ungefähr eine Handbreit oberhalb des Widerrists gehalten werden, wobei die Handgelenke entspannt bleiben und die Daumen obenauf liegen – als wollte man ein Glas Wasser halten, ohne etwas zu verschütten.

Die Zügelfäuste *müssen* geschlossen sein; der Daumen hält den Zügel in der Hand fest. Versucht man, den Zügel mit den anderen Fingern zu halten, wird die Hand steif und gefühllos. Viele Menschen glauben, eine offene Faust sei mit einer weichen Hand

Falsche Handhaltung: Auf den folgenden drei Abbildungen werden die Hände so gehalten, dass sie steif sind und weder mit dem Pferdekopf mitgehen noch nachgeben können.

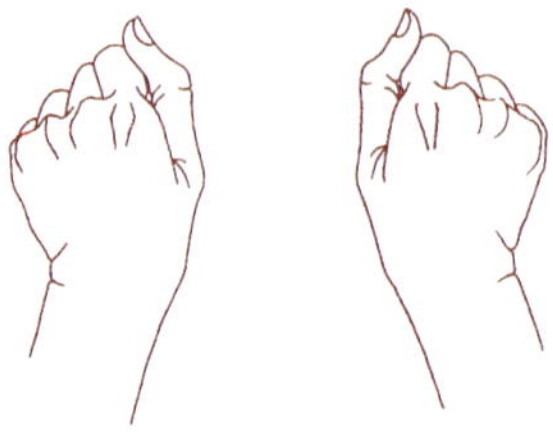

Hände nach außen verdreht

gleichzusetzen. Tatsächlich kann eine offene Faust aber nicht nachgeben, sondern nur annehmen; außerdem kann das Pferd dem Reiter bei einer offenen Faust leicht die Zügel aus der Hand ziehen.

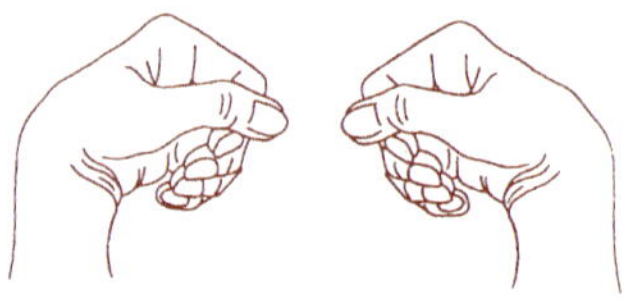

Verdeckte Fäuste

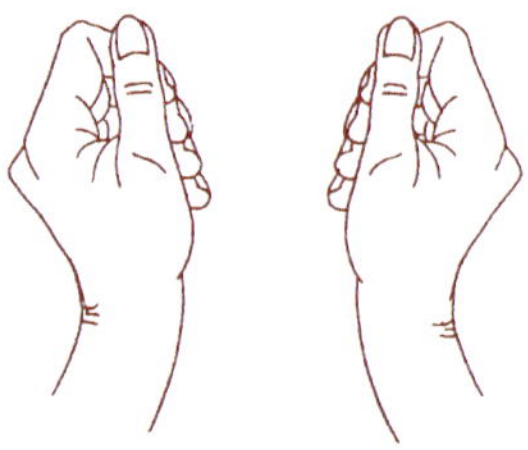

Hände nach innen verdreht

»Mitgehen« – Das Gleichgewicht des Reiters

Zunächst muss der Reiter lernen, korrekt sitzen zu bleiben und gleichzeitig die Bewegungen des Pferdes auszusitzen. Dies muss er schaffen, ohne das Gleichgewicht zu verlieren oder sich am Pferd festzuklammern. Man spricht von »Mitgehen« oder »passivem Sitzen«, wenn der Reiter seinen Sitz beibehalten kann – egal, was das Pferd tut – und allen Bewegungen des Pferdes entspannt und aufrecht folgt, ohne aktiv Einwirkung zu nehmen. Dies lernt man am besten an der Longe, weil der Reiter sich so völlig auf seinen eigenen Körper, sein Gleichgewicht und seinen Sitz konzentrieren kann, ohne auch noch das Pferd lenken zu müssen. Sie können gar nicht genug Zeit damit verbringen, Ihren Sitz zu verbessern. Wenn Sie sich schon am Anfang schlechte Angewohnheiten aneignen, bekommen Sie vom Pferd unkorrekte Reaktionen und müssen sich später mit einer Menge Probleme herumschlagen, die vermeidbar gewesen wären.

»Aktives Sitzen« – Die Einwirkung des Reiters

Im ersten Jahr ihrer Ausbildung an der spanischen Hofreitschule zu Wien dürfen die Bereiterlehrlinge nur an der Longe reiten. Als ich zur Ausbildung nach Deutschland ging, hatte ich bereits auf dem Niveau der Intermediaire I an Turnieren teilgenommen, wurde aber trotzdem mindestens zwei Mal pro Woche für eine halbe Stunde an die Longe genommen. Das funktioniert tatsächlich! Ich lernte so nicht nur, besser mitzugehen, sondern auch, aktiv über den Sitz einzuwirken. So musste ich beispielsweise lernen, wie ich meine Mittelpositur einsetzen musste, um das Pferd ohne Zügel zu verlangsamen und sogar anzuhalten.

Selbst für erfahrene Reiter ist es nützlich, immer wieder einmal Übungen an der Longe zu machen – vor allem, wenn man an einem Problem arbeitet, das sich langsam herauskristallisiert hat und nun ständig größer wird. Wie ich bei meiner Ausbildung in Deutschland herausfand, kann man bei der Arbeit an der Longe dem Reiter beibringen, wie er seinen Körper einsetzen kann, um das Pferd zu kontrollieren und zu beeinflussen. Wie man das macht, werde ich bei der Besprechung der einzelnen Lektionen aufführen.

Kyras Schülerin Ebba von Essen ist durch eine gute Schule gegangen. Auf dieser Aufnahme sitzt sie in sehr guter Haltung auf Flyinge Amiral, der sich entspannt trägt und sich unter seiner Reiterin sehr wohl zu fühlen scheint.

KAPITEL 3

Die Bedeutung des Reitlehrers

Ich habe bereits erwähnt, wie wichtig der Sitz des Reiters ist, wenn es um die Einwirkung auf das Pferd geht. Wenn sich ein Pferd mit einer Lektion schwer tut oder sie gar nicht ausführen kann, liegt das nur allzu oft daran, dass der Reiter nicht richtig sitzt und deswegen keine korrekte Einwirkung auf das Pferd hat.

Ursachen erkennen

Wenn ein Problem auftaucht, ist es Aufgabe des Ausbilders, die wahre Ursache herauszufinden – die Wurzel des Problems. Ein Reitlehrer muss einen Blick für Fehler entwickeln und vor allem in der Lage sein, die tatsächliche Ursache eines Problems zu erkennen, nicht nur die Symptome.

Problemursache Nr. 1: Der schiefe Sitz

Oft entstehen Schwierigkeiten, weil der Reiter seinen Körper und sein Gewicht nicht voll unter Kontrolle hat. Deswegen kann er nicht losgelassen und korrekt sitzen und sich nicht auf dem »Dreieck«, den zwei Gesäßknochen und dem Schambein ausbalancieren. Wie oft hört man einen Reitlehrer eine schlechte Armhaltung, hochgezogene oder verspannte Schultern oder falsch positionierte Unterschenkel korrigieren, so dass der Reiter sich noch mehr anstrengt und sich immer mehr verspannt, während er versucht, seinen Fehler zu korrigieren? Was ist, wenn diese Fehler durch einen fehlerhaften Sitz entstanden sind? Hätte der Lehrer sich von Anfang an auf das Grundproblem – den schiefen Sitz – konzentriert, hätten die anderen Probleme sich von selbst gelöst.

Wenn ich von der »Mittelpositur« spreche, meine ich damit jenen Bereich des Körpers, zu dem Solarplexus, Bauch, Lendenbereich, Gesäßhälften und der obere Teil der Oberschenkel gehören, inklusive aller Muskeln, die diesen Bereich kontrollieren. Wenn eine Lektion nicht klappt, macht der Reiter meistens den Fehler, in der inneren Hüfte, also auf der Innenseite der Mittelpositur einzuknicken, so dass sein Gewicht nach außen verlagert wird. Will der Reiter beispielsweise eine Wendung nach links reiten, setzt er den linken Zügel und den rechten Schenkel ein und verlagert sein Gewicht etwas stärker auf den linken Gesäßknochen. Das Pferd wendet jedoch trotzdem nicht ab. In einem solchen Fall versucht der Reiter oft, seine Zügel- und Gewichtshilfen zu verstärken. Er fühlt mehr Druck auf dem linken Gesäßknochen und meint deswegen, sein Gewicht nach links verlagert zu haben. Meist jedoch ist stattdessen Folgendes passiert: Der linke Gesäßknochen hat seine Position auf der linken Seite des Pferderückens verlassen und ist mehr in die Mitte gerutscht, während der rechte Gesäßknochen über dem Sattel »schwebt« und gar keine Verbindung mehr mit dem Sattel hat. So wird das Reitergewicht nach außen verlagert und wirkt den restlichen Hilfen entgegen. Das Ergebnis ist, dass das Pferd von den widersprüchlichen Hilfen verwirrt ist und weiterhin nicht korrekt in die Wendung geht.

Es ist wichtig, dass der Reiter immer beide Gesäßknochen gleich stark spüren kann, jeden auf seiner Seite der Wirbelsäule des Pferdes, so dass er gerade und aufrecht über dem Pferd sitzt. Man kann zur Überprüfung, ob man gerade sitzt, eine Korrektur auch einmal übertreiben. In dem abgebildeten Beispiel sollten Sie bei der Korrektur den rechten Gesäßknochen deutlich spüren können, der zeitweise in Rich-

Wenn die Reiterin nach rechts rutscht, hebt der rechte Gesäßknochen vom Sattel ab. Da die Reiterin nur den linken Gesäßknochen spüren kann, glaubt sie fälschlicherweise, sie habe ihr Gewicht vermehrt nach links verlagert. Tatsächlich liegt ein Großteil seines Gewichts jedoch auf der rechten Seite.

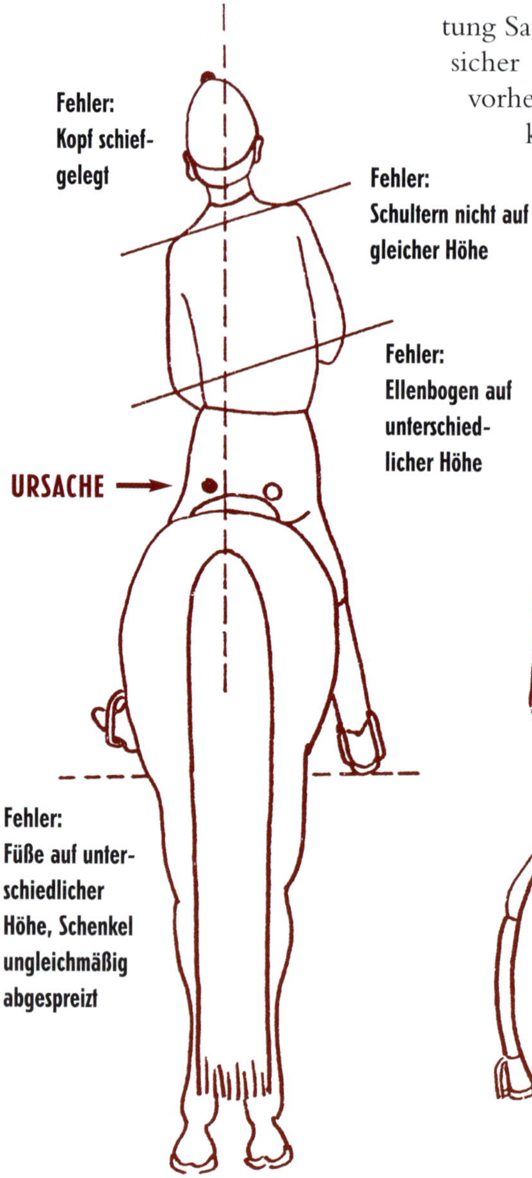

Der Reiter sollte aufrecht sitzen, so dass sein Gewicht gleichmäßig auf beide Gesäßknochen verteilt ist und vom Schambein gestützt wird. Will er einen Gesäßknochen stärker belasten als den anderen, sollte der Körper trotzdem gerade und aufrecht bleiben.

tung Sattelmitte verschoben werden kann. Um ganz sicher zu gehen, dass Sie den Gesäßknochen, der vorher falsch positioniert war, spüren können, korrigieren Sie sich, indem Sie auf der Seite dieses falsch positionierten Gesäßknochens über die Schulter nach hinten zum Pferdeschweif schauen (in unserem Beispiel also nach rechts). Mit dieser Übung richten Sie auch die eingeknickte Seite der Mittelpositur wieder auf.

Reagiert das Pferd auf einer Seite nicht auf den Schenkel, machen viele Reiter den Fehler, diesen Schenkel weiter zurückzulegen – oft zu weit zurück. In dieser Position hat der Reiterschenkel viel weniger Einfluss, als wenn er näher am Gurt eingesetzt wird. Kurz hinter dem Gurt befindet sich der empfindlichste Punkt des Pferdebauches; weiter hinten liegen die Nerven tiefer unter der Haut. Wenn der Reiter einen Schenkel zu weit nach hinten legt, wird außerdem auf dieser Seite der Gesäßknochen nach hinten gezogen, so dass gleichzeitig Gesäßknochen und Schenkel der anderen Seite nach vorne und damit an eine Stelle gezogen werden, wo das Pferd schmaler ist und dem Schenkel keine Auflage bietet.

Außerdem verdreht der Reiter hierdurch auch das Becken und wird so noch schiefer. Wenn ich davon spreche, dass man einen Schenkel weiter nach vorne oder hinten legen soll, meine ich damit nur ein paar Zentimeter.

Ein Reitlehrer muss einen Blick für Fehler haben und in der Lage sein, die wahre Ursache eines Problems herauszufinden. Dazu muss er über die Symptome hinaus blicken.

Vermitteln und Korrigieren

Lektionen zerlegen

Ein Reitlehrer sollte versuchen, das Vermitteln einer neuen Lektion dem Pferd und dem Reiter so anzupassen, dass sie ohne Probleme oder frustrierende Momente gelernt werden kann. In den meisten Sportarten zerlegt man eine neue Bewegung in kleinere Abschnitte. Die einzelnen Teile werden dann getrennt voneinander in langsamer Ausführung geübt, bis sie »sitzen«. Erst dann werden sie zur Gesamtbewegung zusammengesetzt, die daraufhin im höherem Tempo weiter geübt werden kann. Die Pferdeszene lässt in dieser Hinsicht einiges zu wünschen übrig.

Stellen Sie sich ein Kind beim Turnen vor, das gerade den Salto lernen soll. Ihre Anweisungen an dieses Kind würden nicht lauten: »Du rennst jetzt so schnell du kannst auf dieses Trampolin zu, springst so hoch, wie du kannst, machst in der Luft einen Purzelbaum und landest dann genau auf den Füßen.« Wenn Sie das sagen, und das Kind würde es daraufhin tatsächlich versuchen, würde es wahrscheinlich auf den Rücken fallen und sich verletzen. Außerdem würde es sich höchstwahrscheinlich entschieden weigern, es noch einmal zu versuchen; wenn Sie es zu einem neuen Versuch zwingen würden, hätte es mit Sicherheit große Angst dabei.

Stattdessen sollten Sie den Salto in seine einzelnen Komponenten zerlegen und diese jede für sich üben: erst den Anlauf, dann den Absprung, dann den eigentlichen Überschlag in der Luft, und schließlich die Landung. Dabei bekommt das Kind in allen schwierigen Situationen Hilfestellung von einem Erwachsenen und ist durch Matten auf dem Boden vor Verletzungen geschützt. Erst viel später, nach intensivem Üben der einzelnen Teile der Bewegung, wäre das Kind bereit, den Salto mit voller Geschwindigkeit und ohne Unterstützung durchzuführen.

Eine komplizierte Bewegung ist leichter zu erlernen, wenn man sie zunächst in kleinere Einheiten aufteilt, die man langsam und einzeln üben kann, bevor man sie wieder zur Gesamtbewegung zusammensetzt. Diese Lehrmethode wird in vielen Sportarten angewendet, jedoch nur selten beim Reiten.

Der Lernprozess für eine neue Dressurlektion sollte

weder für den Reiter noch für das Pferd anders ablaufen. Dem Reitlehrer fällt die Aufgabe zu, die neue Lektion in kleine, einfache Stücke aufzubrechen und vielleicht noch zusätzlich einfache vorbereitende Übungen für Pferd und Reiter zu erfinden. In den folgenden Kapiteln werde ich näher erklären, wie man das machen kann.

Tauchen bei bereits gelernten Lektionen Schwierigkeiten auf, muss die betreffende Lektion genauso in ihre Einzelteile zerlegt werden, bis man an dem Teil angelangt ist, der nicht klappt. Das kann die Parade sein, die treibende Hilfe oder die Hilfe zum Wenden; vielleicht kann der Reiter auch nicht richtig zählen. Die Lektion sollte erst dann wieder im Ganzen versucht werden, wenn das spezifische Problem gelöst werden konnte.

Sehr erfahrene Reiter sind manchmal in der Lage, die Bewegung selbst zu analysieren und so herauszufinden, wo ihr Problem liegt; junge Reiter jedoch, oder solche, die nur wenig gut strukturierten Unterricht hatten, brauchen Rat und Hilfe von außen.

Veränderungen brauchen Zeit

Man darf nicht vergessen, wie schwierig es ist, einen Fehler zu korrigieren, der bereits in Fleisch und Blut übergegangen ist und automatisch abläuft. Wenn man eine neue Muskelbewegung bewusst lernt, läuft im Gehirn ein langwieriger und komplizierter Vorgang ab, bis die bewusste Anstrengung sich schließlich zu einem Bewegungsmuster entwickelt, das unbewusst abläuft, zu einem Reflex. Muss ein einmal gelerntes Muster wieder geändert werden, weil es fehlerhaft ist, ist das wiederum ein langwieriger Vorgang. Wenn ein Ausbilder einen Reiter zum hundertsten Male auffordern muss, eine falsche Handhaltung zu korrigieren, und der Reiter diese korrigierte Haltung nur wenige Augenblicke lang durchhält, heißt das nicht unbedingt, dass der Reiter besonders dumm ist oder der Reitlehrer keinen guten Unterricht gibt. Es dauert einige Zeit, bis ein neues Bewegungsmuster fest verankert ist – und gerade wenn man denkt, jetzt hätte man es endlich, tritt eine Stresssituation auf, in der man sofort in das alte Muster zurückfällt.

Einmal angelegte Bewegungsmuster können nie völlig gelöscht werden. Deswegen ist es so unglaublich wichtig, die Bewegungen von Anfang an korrekt zu lernen. Beim Tennis beispielsweise können bis zu 100.000 Wiederholungen nötig sein, bis man den Aufschlag gelernt hat. Muss ein Spieler an seinem Aufschlag etwas ändern, können bis zu 2000 korrekte Wiederholungen erforderlich sein, nur um sich die alte Ausführung abzugewöhnen. Je nachdem, wie schwer der Fehler war, können dann bis zu 100.000 weitere Wiederholungen nötig sein, bis das neue Bewegungsmuster zum Reflex wird.

Gerade weil dieser Vorgang so langwierig ist, ist es wichtig, dass der Lehrer sorgfältig den richtigen Augenblick für drastische Veränderungen an einer fehlerhaften Technik auswählt. Die Korrektur wird nicht gelingen, wenn man es mitten in der Turniersaison versucht. Während eine neue Technik erlernt wird, sinkt sowohl beim Pferd als auch beim Reiter das Leistungsniveau ab, weil die alte Angewohnheit nicht mehr richtig greift, die neue Technik aber noch nicht voll etabliert ist. An diesem Punkt beginnen die meisten Reiter, ihren Lehrer und sich selbst in Frage zu stellen. Wenn das in der Turniersaison passiert und die Leistung abfällt, anstatt zu steigen, ziehen viele Reiter es vor, wieder auf ihre falsche, aber so schön gewohnte Technik zurückzugreifen. Große Veränderungen können große Enttäuschungen mit sich bringen; es ist sehr wichtig, beharrlich zu bleiben und nicht aufzugeben, auch wenn es sich völlig unmöglich anfühlt.

Dieses Phänomen erklärt teilweise, warum Reiter, die das ganze Jahr über von ihrem Trainer betreut und jeden Tag korrigiert werden, so erfolgreich sind. So haben Fehler und schlechte Angewohnheiten gar keine Chance, sich richtig festzusetzen, und die Reiter sparen eine Menge Zeit, die sie produktiv nutzen können, um sich den Details zu widmen und Fortschritte zu machen.

Für die Beziehung zwischen Reiter und Lehrer ist es wichtig, dass der Reiter Vertrauen in die Fähigkeiten des Ausbilders hat. Jeder weiß, wie schwierig es ist, eine alte Gewohnheit zu ändern. Der Reiter hat sich an seine schlechte Haltung gewöhnt, so dass sie sich »richtig« anfühlt. Wenn hier etwas verändert werden muss, fühlt sich die neue Haltung, auch wenn sie korrekt ist, »falsch« und unbequem an. Hat der Reiter in der Korrekturphase nicht völliges Vertrauen zu seinem Lehrer, wird er nicht mit vollem Einsatz versuchen, seine fehlerhafte

»Mentale Bilder« und »Schlüsselwörter«

Um den Lernprozess zu vereinfachen, kann ein Ausbilder auch »mentale Bilder« einsetzen, die sich auf etwas beziehen, das das Gehirn bereits kennt und zu einem Reflex verarbeitet hat. Anstatt beispielsweise lang und breit die korrekte Handhaltung zu erklären, kann man einfach sagen: »Stell dir vor, du würdest ein Glas Wasser in der Hand halten«.

Man kann sich die Arbeit als Reitlehrer auch durch die Benutzung von »Schlüsselwörtern« vereinfachen. Hat man dem Reiter bereits ausführlich erklärt, welchen Fehler er macht und wie er ihn korrigieren muss, braucht man nicht jedes Mal alles zu wiederholen. Oft reicht es, wenn man beispielsweise sagt »die Hände!«, damit der Reiter genau weiß, was gemeint ist.

Technik zu korrigieren, und so wird der Vorgang noch länger dauern. *Es ist unmöglich, jemand anderem das Reiten beizubringen, wenn der Betreffende nicht aktiv am Lernvorgang teilnimmt.*

Die Souveränität des Lehrers

Für die Entwicklung des Pferdesports im Allgemeinen wäre es auch wichtig, dass die Ausbilder untereinander zusammenarbeiten. Oft erlebt man, dass Lehrer verärgert und besitzergreifend reagieren, wenn einer ihrer Schüler an einem Kurs mit einem anderen Ausbilder teilnimmt. Soll der Schüler doch ruhig einmal auf neue Ideen kommen! Wenn ein Reiter und sein Lehrer jahrelang zusammengearbeitet haben, werden die Reitstunden oft zur langweiligen Routine. Neue Ideen können sich da auf Reiter und Ausbilder positiv auswirken. Es gibt genügend Reiter, so dass ein ernsthafter Reitlehrer immer genug Schüler haben wird.

Viele Lehrer werden wütend, wenn ein Reiter einen Fehler nicht sofort korrigieren kann. Manchmal lassen sie ihren Ärger am Pferd aus. Auch mir waren diese Gefühle nicht fremd, bis ich an einem Kurs über Sportpsychologie und Sportphysiologie teilnahm. Dort lernte ich, wie das Gehirn funktioniert und wie Lernvorgänge ablaufen. Inzwischen habe ich Problemen gegenüber eine viel entspanntere Haltung. Ich kann jetzt akzeptieren, dass es nicht unbedingt an mir liegen muss, wenn ein Pferd oder ein Reiter eine schlechte Angewohnheit oder einen Fehler nicht unverzüglich korrigieren können.

Verwirrung vermeiden

Im Laufe der Jahre habe ich gelernt, dass die Sache mit absoluter Sicherheit noch komplizierter wird, wenn man lang und breit erklärt, wie eine Lektion auszuführen ist. Dieselbe Verwirrung, die man oft zwischen Reiter und Pferd beobachten kann, findet man gelegentlich auch zwischen Reiter und Ausbilder. Deswegen arbeite ich ständig daran, meine Anweisungen so klar und einfach wie möglich zu geben. Versteht der Reiter mich immer noch nicht, muss ich versuchen, mich irgendwie anders verständlich zu machen.

Wenn ein Schüler nicht ausführen kann, was ich von ihm möchte, reite ich das Pferd oft selbst. Teilweise tue ich das, um zu demonstrieren, dass man die Lektion wirklich reiten kann, teilweise jedoch auch, um den Schüler sehen zu lassen, wie die

korrekte Ausführung aussieht. Wenn der Reiter danach wieder aufs Pferd steigt, hat er oft ein Aha-Erlebnis, weil das Pferd immer noch auf meine Einwirkung reagiert. So kann der Reiter leichter spüren, wie das Pferd reagieren muss. Um einen Vergleich zu bemühen: Wenn jemand noch nie Erdbeermarmelade gegessen hat, ist es viel einfacher, ihn einmal welche probieren zu lassen, als ihm erklären zu wollen, wie sie schmeckt. Es hat mich immer sehr inspiriert, wenn ein begabter Reiter wie beispielsweise der verstorbene Herbert Rehbein sich auf mein Pferd setzte und ich sehen konnte, dass es wirklich noch besser gehen konnte. So hatte ich den Anreiz, noch besser reiten zu wollen.

Probleme schrittweise angehen

Als Ausbilder muss man außerdem bedenken, dass ein Reiter sich jeweils nur auf die Korrektur eines Hauptproblems konzentrieren kann. Das liegt am Aufbau des Gehirns; deswegen ist es zum Beispiel unklug, den Sitz eines Reiters verbessern zu wollen, wenn er gerade eine neue Lektion zu lernen versucht. Zuerst muss man den Sitz korrigieren. Sitzt der Reiter richtig und geht das Pferd gut, kann man weitermachen und eine neue Lektion lehren.

Dies alles gilt genauso für Pferde. Sie haben genau die gleichen Reaktionsmuster wie Menschen. Versteht ein Pferd irgendwo etwas falsch, oder verbindet es mit einer bestimmten Lektion etwas Unangenehmes, wird dies stets auf die eine oder andere

Nur für Idealpferde?

Es ist eine Tatsache, dass die Erklärungen in Lehrbüchern übers Reiten und Reiten-Lehren immer so abgefasst sind, dass sie für das Idealpferd gelten. Ein solches Pferd gibt es nicht. Wenn sich die Theorie dann nicht umsetzen lässt, denkt der Reiter »So ein Blödsinn« oder »Wahrscheinlich bin ich zu blöd, weil das bei mir nicht klappt« oder, wahrscheinlich häufiger, »mein Pferd ist ja wohl total unbegabt oder einfach zu dumm«. Halten Sie sich ruhig das Idealbild als Messlatte vor Augen, aber passen Sie diese Messlatte Ihrem eigenen Pferd und seinen Problemen an.

Weise seine Leistung beeinträchtigen, weil es solche Dinge im Gedächtnis behält.

Denken Sie nur einmal daran, wie oft ein Pferd im Dressurviereck scheut. Viele Reiter strafen ihr Pferd für seine Angst, doch damit verstärken sie diese Angst nur. Schließlich wird das Pferd schon lange vor der »Problemstelle« rückwärts gehen und einfach auf die Bestrafung warten. Wenn der Reiter klug ist, wird er das Pferd einfach ruhig stehen lassen, bis es seine Angst bewältigt hat. Er sollte das Pferd beruhigen, anstatt es zu bestrafen. Sobald das Pferd merkt, dass die erwartete Bestrafung ausbleibt, wird es sich entspannen, so dass der Reiter es nun dazu überreden kann, ein paar Schritte auf das Problem zu zu machen. Dann sollte man das Pferd wieder anhalten und ihm erlauben, sich zu entspannen, bevor man es zu einigen weiteren Schritten auffordert. Wenn man auf diese Weise an etwas Beängstigendes herangeht, hat man das Problem normalerweise in zehn Minuten gelöst.

Oft setzt ein Reiter sich auf sein guckiges Pferd, reitet geradewegs auf die Gefahrenzone zu und lässt es auf einen Kampf ankommen. Es wäre besser, das Pferd an einem »sicheren« Ort warm zu reiten und es entspannen zu lassen, ehe er es mit dem Problem konfrontiert. Natürlich muss der Reiter in der Lage sein, zwischen Angst und Ungehorsam des Pferdes zu unterscheiden. Ist das Pferd ungehorsam, muss es konsequent korrigiert werden. Das sollte er aber nur tun, wenn kein Zweifel besteht, dass das Pferd weder Angst hat noch den Reiter nicht verstanden hat. Ein konsequentes Durchgreifen darf immer nur im Zusammenhang mit einem echten Ungehorsam eingesetzt werden und nie zur allgemeinen Bestrafung ausarten, mit der der Reiter seiner Frustration oder seiner schlechten Laune freien Lauf lässt.

Unvermögen oder schlechte Erfahrung?

Natürlich gibt es Übungen, für die manche Pferde beispielsweise vom Gebäude her nicht geeignet sind. Manchmal lassen sich Probleme jedoch auch auf eine schlechte Erfahrung in der Lernphase zurückführen – sobald das Pferd merkt, dass jetzt gleich diese bestimmte Lektion kommt, bekommt es Angst und kann schon allein deswegen die Aufgabe nicht erfolgreich ausführen. Wird es nun wieder bestraft, beginnt ein Teufelskreis, der nur schwer zu durchbrechen ist. Die einzige Lösung liegt darin, dass der Reiter seine geistige Haltung und sein Verhalten ändern muss. Das Pferd hat die Kraft, und der Mensch sollte den Verstand haben!

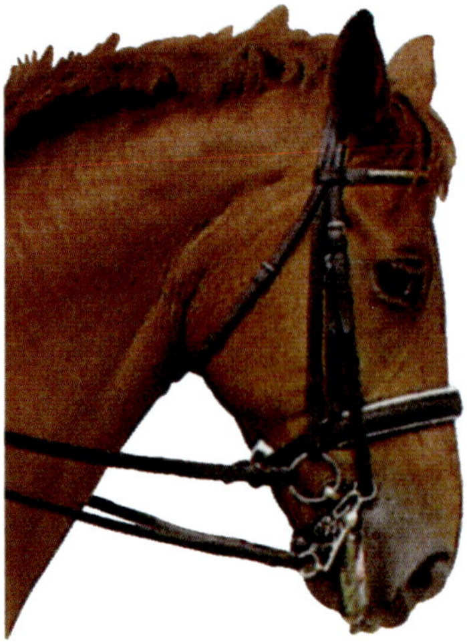

KAPITEL 4

Das Kyrklund-ABC

Durch jahrelange Arbeit mit Pferden bin ich zu dem Schluss gelangt, dass das Pferd als erste Priorität auf die leichtesten Hilfen reagieren muss, die nur möglich sind. Wenn das Pferd mit mir zusammenarbeitet, sollte das nicht nur leicht aussehen, sondern auch wirklich leicht sein, und zwar für uns beide. Nur so können wir beide glücklich und zufrieden sein.

Feine Hilfen haben Vorrang

Wenn Sie sich zum Ziel gesetzt haben, Dressur auf Grand Prix-Niveau zu reiten, müssen Sie sich die Tatsache vor Augen führen, dass Sie von Beginn des Trainings an niemals undeutliche oder wechselhafte Hilfen geben dürfen, weil Sie sonst immer mehr Kraft einsetzen müssen, wenn Sie dem Pferd zunehmend schwierigere Lektionen beibringen wollen. So werden Sie niemals gute Ergebnisse erzielen. Von Anfang an ist es ungeheuer wichtig, dass das Pferd auf die feinstmöglichen Signale reagiert und dass Sie daran arbeiten, Ihre Hilfengebung zu verfeinern.

Krafteinsatz

Wenn man bei der Einwirkung auf das Pferd zu viel Kraft einsetzt, wird das Reiten zu einer mühsamen und erzwungenen Angelegenheit – und diese negativen Impulse übertragen sich sofort auf das Pferd. Ein angespannter Reiter kann die kleinen Signale, die das Pferd ihm gibt, nicht interpretieren; ein verspannter Muskel kann Impulse nicht so gut spüren wie ein entspannter. Das gilt sowohl für den Reiter als auch für das Pferd.

Gehorsam

Ein weiterer Punkt, der für mich sehr wichtig ist, ist der, dass mein Pferd absolut gehorsam ist. Unter »gehorsam« verstehe ich, dass das Pferd sich dem Reiter sowohl geistig als auch körperlich unterordnet und bereit ist, willig mit ihm zusammenzuarbeiten. Damit meine ich nicht nur, dass das Pferd die erwünschte Silhouette produziert, sondern ich meine damit ein entspanntes Pferd, das Rücken, Hals und Genick hergibt. Nur so kann das Pferd so am Zügel gehen, wie ich es für angemessen halte, und nur dann kann das Pferd meine Signale richtig verstehen.

Ein Schlüsselfaktor meines Systems ist, das Pferd dazu zu bringen, dass es *auf mich wartet.* Das Pferd muss sich so vollkommen auf mich und sein eigenes Gleichgewicht verlassen können, dass ich diejenige bin, die es vorwärts treiben muss, anstatt es anhalten oder die ganze Zeit mit

Wenn ein Pferd das ABC gelernt hat, sollte es Genick, Hals und Rücken entspannt hergeben. So kann es in allen Gangarten korrekt am Zügel gehen.

harter Hand am Zügel zurückhalten zu müssen. Ich bin immer diejenige, die das Tempo bestimmt, und das Pferd muss die jeweilige Geschwindigkeit beibehalten, ohne dass ich ständig treibende Hilfen geben muss. Manchmal können halbe Paraden nötig sein, um das gewünschte Tempo zu halten, doch je besser man spüren kann, dass das Pferd sich an die gewünschte Geschwindigkeit hält, desto leichter können die Hilfen ausfallen. *Ich betrachte es als Fehler, wenn man so viel Gewicht in der Hand hat, dass man zum Halten des Pferdes mit den Zügeln mehr Kraft braucht als zum Vorwärtstreiben mit den Schenkeln.*

Der »Roller-Effekt«

Der russische Dressurreiter Ivan Kizimov beschreibt diese Methode sehr anschaulich. »Das ist so, als ob man einen Stehschlitten benutzt. Wenn der Schlitten eine gewisse Geschwindigkeit erreicht hat, hört man auf, ihn anzuschieben, und erst wenn die Geschwindigkeit abnimmt, schiebt man wieder.«

Der Reiter sollte nicht die ganze Zeit auf das Pferd einwirken müssen. Man sollte erst dann eine Hilfe einsetzen, wenn man spürt, dass das Pferd auf die ursprüngliche Hilfe nicht mehr reagiert. Man kann dies mit dem Antreiben eines Stehschlittens oder eines Tretrollers vergleichen: Sobald das Gefährt die gewünschte Geschwindigkeit erreicht hat, hört man auf, es anzuschieben, und schiebt erst dann wieder, wenn es langsamer wird.

Keine Dauer-Signale: Der »Roller-Effekt«

Es ist von entscheidender Wichtigkeit, dass man dem Pferd beibringt, rasch auf die Hilfen zu reagieren und auf eine einmal gegebene Hilfe so lange weiter die entsprechende Bewegung zu zeigen – auch wenn diese Hilfe nicht mehr einwirkt – bis eine neue Hilfe gegeben wird. Denken Sie daran: Einwirkung bedeutet Bestrafung, *keine* Einwirkung bedeutet eine Belohnung. So erhalte ich von meinem Pferd feinfühligere Reaktionen. Wenn der Reiter die ganze Zeit Signale gibt, stumpfen die Pferde ab und langweilen sich; so jedoch werden sie immer aufmerksamer und reagieren immer besser auf die Hilfen.

Beim Schenkelweichen zum Beispiel gebe ich mit dem Unterschenkel die Hilfe zum Seitwärtstreten. In dem Augenblick, in dem das Pferd reagiert, höre ich sofort auf, mit dem Schenkel Druck auszuüben, und erwarte von meinem Pferd, dass es einige weitere Seitwärtstritte durchführt. Sobald ich spüre, dass das Pferd mit dem Seitwärtstreten aufhören will, setze ich den Schenkel wieder ein.

Das ABC

Ich habe mein Reitsystem auf einigen sehr einfachen Prinzipien aufgebaut, die ich unbedingt befolge. Zunächst will ich, dass das Pferd nacheinander die drei grundlegenden Signale lernt.

- Die vorwärts treibende Hilfe: Der Unterschenkel erhöht die Geschwindigkeit.
- Die verhaltende Hilfe: Der Zügel verlangsamt das Tempo oder hält das Pferd an.
- Die Hilfe zum Wenden: Eine Kombination aus Gewicht, Unterschenkeln und Zügel.

Erst wenn das Pferd auf jede dieser Einzelhilfen willig und problemlos reagiert, fange ich an, sie zu kombinieren.

Das Nachgeben am Zügel

Wenn ich ein mir unbekanntes oder junges Pferd reite, habe ich nicht dasselbe Ziel wie viele andere Reiter, die das Pferd um jeden Preis so schnell wie möglich an den Zügel stellen wollen. Leider konzentrieren sich viele Reiter viel zu stark darauf, und schon geht von Anfang an alles schief.

Wenn man ein Pferd zwingt, im Genick nachzugeben und in einem bestimmten Rahmen zu arbeiten, ohne dass es wirklich gehorsam ist, schafft man schon die ersten Spannungen und Widersetzlichkeiten.

Für mich ist das An-den-Zügel-stellen kein Ziel für sich allein. Dass ein Pferd am Zügel geht, sollte das Ergebnis völligen Gehorsams sein, bei dem das Pferd nicht nur das Genick hergibt, sondern auch den Hals und den Rücken. Es ist sehr wichtig, dass auch das Pferd sich wohl fühlt und Freude daran hat, mitzuarbeiten.

Soll ein Pferd wirklich gehorsam sein, *ist es unerlässlich, dass der Reiter in der Lage ist, mit der Hand nachzugeben.* Dies gehört zu den ersten Dingen, auf die ich mich konzentriere. Wenn man immer wieder mit dem Zügel nachgibt, lernt das Pferd, dass es die ständige, feste und starke Stütze der Reiterhand nicht braucht.

Die meisten Reiter nehmen die Zügel auf und fangen dann an, das Pferd im Maul zu riegeln, damit es den Kopf senkt. Dieses Vorgehen ist nicht gerade erfolgreich und führt nur dazu, dass das Pferd das Aufnehmen des Zügels mit etwas Unangenehmem in Verbindung bringt, also mit einer Bestrafung.

Zügelhilfen: Aufnehmen und Nachgeben beim Anhalten

Ich fange damit an, dass ich das Pferd zum Halten durchpariere. Zum Halten setze ich die verhaltende Hand fest, aber ruhig ein. *Sobald das Pferd steht, muss man sofort mit der Hand nachgeben.* Es ist nicht nötig, dass das Pferd am Zügel steht; es muss jedoch seinen Kopf selbst tragen, ohne sich am Zügel abzustützen. Man erreicht dies, indem man die Hände nach vorne bewegt, nicht indem man die Zügel durch die Finger rutschen lässt.

Wenn man die Zügel so führt, wenn also das unangenehme Aufnehmen der Zügel von einem vollständigen Nachgeben gefolgt wird, bleibt das angenehme Gefühl (die Belohnung) der Haupteindruck für das Pferd. Es ist wichtig, dass das Pferd nicht vorwärts tritt, wenn es spürt, dass man am Zügel nachgibt. Tut es das, muss man die Hilfen zum Halten wiederholen und danach wieder mit der Hand nachgeben, bis das Pferd ruhig stehen bleibt. Es muss lernen, selbstständig und ohne Zügelanlehnung stillzustehen.

Der Vorteil dieses Vorgehens liegt darin, dass ich das Pferd nun in jeder Situation dadurch belohnen kann, dass ich an einem Zügel nachgebe oder es sogar am Hals klopfe. Weil das Pferd gelernt hat, das Nachgeben des Zügels zu akzeptieren, kann ich das mitten in einer Lektion tun, ohne dass das Pferd die Oberlinie verändert oder schneller wird. So verbindet das Pferd das Nach-

Das Zusammenspiel von Hand und Gewicht

Gleichzeitig mit dem Annehmen und Nachgeben am Zügel verhalte ich mit dem Gewicht, so dass ich im Gleichgewicht bleibe und nicht nach vorne kippe, wenn das Pferd stehen bleibt. Bald brauche ich nur noch mit dem Gewicht zu verhalten, wenn das Pferd langsamer gehen soll, was mehr oder weniger bedeutet, dass man die Muskeln der Mittelpositur anspannt, also die Bauch- und die unteren Rückenmuskeln. Wenn ich dann später das Pferd für eine Lektion aufmerksam machen oder sein Tempo oder seinen Versammlungsgrad ändern will – mit anderen Worten, wenn ich eine halbe Parade geben will – brauche ich nur diese »Gewichtshilfe« einsetzen und das Pferd wird darauf so reagieren, wie ich es will, weil es ungeheuer sensibel geworden ist.

geben am Zügel mit etwas Positivem. Das Klopfen am Hals dient nicht nur der Belohnung, sondern zwingt auch den Reiter, die Hand nach vorne zu bringen und am Zügel nachzugeben, was das Pferd wiederum als Belohnung auffasst.

Wenn Sie nicht in der Lage sind, am Zügel nachzugeben, können Sie auch nicht mit dem Schenkel nachgeben. Solange das Pferd am Zügel »hängt«, wird der Reiter mit den Schenkeln drücken. Wenn Sie dies System zum ersten Mal ausprobieren, werden Sie natürlich nicht sofort Erfolg haben, doch nach fünf oder sechs Versuchen wird das Pferd anfangen, die Botschaft zu verstehen.

Logisch und konsequent

Ich möchte betonen, dass die Hilfengebung des Reiters immer logisch und konsequent sein muss. Wenn das Pferd beispielsweise auf eine leichte Schenkelhilfe hin nicht vom Halten zum Schritt übergehen will und man die Schenkelhilfe mit mehr Druck gibt, kann es passieren, dass das Pferd stärker reagiert als erwünscht und vielleicht lostrabt oder angaloppiert. Bekommt der Reiter an diesem Punkt Angst und zerrt an den Zügeln, damit das Pferd wieder anhält, hat er einen Konflikt geschaffen. Das Pferd hat sich, wie gewünscht, vorwärts bewegt, wenn auch etwas zu energisch. Für seinen Gehorsam wurde es mit einem unangenehmen Ruck im Maul bestraft. Der Reiter hätte das Pferd stattdessen loben sollen und das nächste Mal die Schenkelhilfe leichter einsetzen müssen, um so eine weniger heftige Reaktion auszulösen.

Schenkelhilfen: Anreiten

Wenn das Pferd die Zügelhilfe zum Halten versteht, muss es lernen, sich vom Druck beider Unterschenkel wegzubewegen, immer noch ohne jegliche Zügelanlehnung. Ich übe mit den Unterschenkeln deutlich Druck aus und gebe die Schenkelhilfe sofort auf, sobald das Pferd sich vorwärts bewegt (Bestrafung und danach Belohnung). Ich drücke also mit den Schenkeln nicht mehr weiter, wenn das Pferd reagiert hat.

Wenn das Pferd auch nach mehreren Versuchen nicht antritt, muss man möglicherweise eine stärkere Schenkelhilfe einsetzen. Reagiert das Pferd darauf immer noch nicht, muss die Schenkelhilfe mit Stimme, Sporen oder Gerte (die direkt hinter dem Unterschenkel eingesetzt wird) kombiniert werden. Sobald das Pferd so reagiert, wie ich es möchte, lobe ich es sofort.

Ich muss hinzufügen, dass ich die Schenkel zum Verlangsamen oder zum Halten nicht einsetze; ebenso wenig drücke ich beim Reiten ständig mit Schenkeln und Knien. Es behagt Pferden gar nicht, wenn sie ständig zusammengequetscht werden; da ist es ihnen noch lieber, wenn der Reiter etwas im Sattel herumgeworfen wird. Ich reite mit sehr leichtem Schenkel und Kniekontakt und kann diesen Druck bei Bedarf verstärken oder verringern.

Oben: Das Pferd sollte auf deutlichen, aber ruhigen Zug an beiden Zügeln halten. Dabei muss es nicht notwendigerweise am Zügel stehen.
Mitte: Sobald das Pferd steht, sollte der Reiter sofort an beiden Zügeln nachgeben. Das Pferd sollte ohne Anlehnung still stehen bleiben.
Unten: Auf leichten Druck beider Unterschenkel sollte das Pferd willig vorwärts gehen – immer noch ohne Anlehnung an die Reiterhand. Dass es nicht am Zügel steht, ist egal. Wichtig ist nur, dass es in Körper und Hals gerade gerichtet ist und seinen Kopf selbst trägt.

Das Pferd sollte jedoch keine Angst vor dem Schenkel haben; es sollte leichten Schenkelkontakt auf beiden Seiten akzeptieren.

Mit Schenkel und Zügel: Abwenden

Sobald das Pferd beim Geradeausreiten auf leichte treibende und verhaltende Hilfen reagiert, ist es an der Zeit, diese Hilfen zu kombinieren. Dazu lehrt man das Pferd, auf diagonale Hilfen hin Wendungen auszuführen und arbeitet dabei auf einem quadratischen Hufschlag (siehe Abb. Übung 1). Ich lasse das Pferd auf einer Seite meines Quadrats bei leichter Anlehnung beider Zügel geradeaus gehen. In diesem Stadium erwarte ich von meinem Pferd nicht, dass es dabei am Zügel geht (Position 1). Nun fordere ich das Pferd zur Wendung auf (Position 2). Wartet das Pferd meine Hilfe zur Wendung nicht ab, sondern geht stattdessen von selbst in die Kurve, fällt nach innen aus oder kürzt die Ecke ab, mache ich folgende Übung mit ihm: Sobald ich die Ecke erreiche, halte ich das Pferd mit beiden Zügeln an (Position 3). Steht es entspannt still, gebe ich mit beiden Zügeln einen Moment lang nach und nehme dann wieder Anlehnung auf. Wenn ich schließlich die Wendung reite (Position 4), führe ich mit Hilfe des inneren Zügels die Vorhand im 90°-Winkel zur Seite. Das Gewicht habe ich dabei leicht nach innen verlagert. Der äußere Zügel erhält die Anlehnung aufrecht und kontrolliert, wie weit der Hals gestellt wird. Der äußere Schenkel unterstützt die Hilfe für die Wendung und verhindert, dass die Hinterhand nach außen ausfällt. Sobald das Pferd durch die Wendung gegangen ist, gebe ich zur Belohnung am inneren Zügel nach und lasse das Pferd wieder geradeaus vorwärts treten. In der nächsten Ecke wiederhole ich diesen Vorgang. Nach einigen Versuchen versteht das Pferd, was es tun soll, so dass ich immer feinere Hilfen einsetzen kann. Natürlich wiederhole ich die Übung auf beiden Händen.

Wenn das Pferd diese Übung willig und auf feine Hilfen hin ausführen kann, können Sie eine Wendung reiten, ohne es vorher halten zu lassen (Position 7). In diesem Stadium bietet das Pferd normalerweise an, im Genick und auf der Körperinnenseite nachzugeben. Dadurch entsteht eine korrekte Biegung, so dass Vorder- und Hinterbeine auf einer Spur durch die Wendung gehen.

Wenn das Pferd auf den inneren Zügel und den äußeren Schenkel (und die Gewichtshilfe) nicht reagiert, sollten Sie nicht stärker am inneren Zügel ziehen, weil dann das Pferd nur den Hals stärker nach innen stellt und weiterhin nach außen ausfällt. Also korrigiere ich mit dem äußeren Schenkel, der die äußere Schulter in die Wendung bugsiert, und verstärke gleichzeitig den Impuls am äußeren Zügel, um das Pferd anzuhalten

ÜBUNG 1

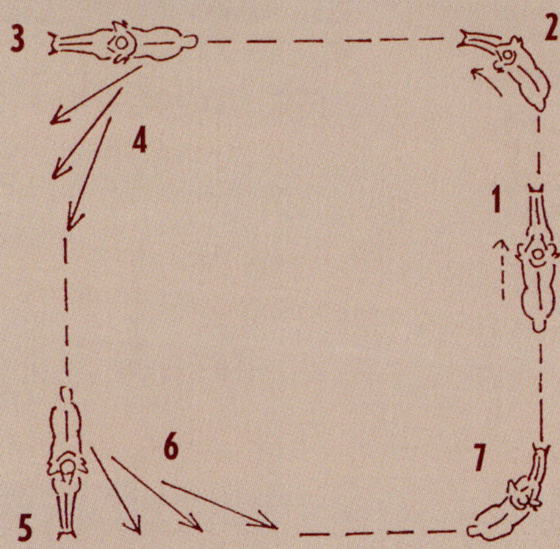

Hilfen für die Wendung:
Innerer Zügel, innerer Gesäßknochen, äußerer Schenkel. Der äußere Zügel begrenzt die Biegung und stellt das Pferd nach der Wendung wieder gerade. Der innere Schenkel treibt das Pferd vorwärts und verhindert, dass die Hinterhand nach innen ausfällt.

Das Kyrklund-ABC übt man besten auf einem quadratischen Hufschlag innerhalb der normalen Bahn, so dass der Reiter frei entscheiden kann, wo das Pferd hingehen soll (Position 1-2).
Wenn das Pferd zum Wenden nicht auf die Hilfen seines Reiters wartet, sondern von selbst in die Wendung geht, nach innen ausfällt oder die Ecken abkürzt, sollte man folgende Übung reiten.
Position 3: Halten.
Position 4: Wendung direkt aus dem Halten.
Position 5: Halten.
Position 6: Wendung direkt aus dem Halten.
Position 7: Jetzt erwartet das Pferd ein Halten, so dass der Reiter eine korrekte Hilfe zur Wendung geben kann, die das Pferd nicht vorwegnehmen kann.

und zu verhindern, dass es sich nach außen drückt. Der äußere Zügel korrigiert immer noch den Biegungsgrad des Pferdehalses.

Will das Pferd die Wendung selbstständig einleiten, also nach innen ausfallen, halte ich es an und korrigiere mit dem äußeren Zügel und dem inneren Schenkel, also einer »Gegenhilfe«, weil es nicht auf meine Signale gewartet hat. Das Pferd muss nun ohne Zügelanlehnung ruhig stehen bleiben und warten, bis ich die Hilfen zur Wendung direkt aus dem Halten gebe. Dies ist auch eine gute Korrekturmethode für Pferde, die die Ecken abkürzen wollen.

Wenn ich die Hilfe zum Wenden gebe, ist es wichtig, dass ich *die Vorhand zum Mittelpunkt der Wendung führe, und nicht die Hinterhand aus der Wendung heraus.* Das ist eine weitere meiner grundlegenden Theorien. Der Reiter sollte immer darauf abzielen, *die Vorhand vor die Hinterhand zu bringen, nicht umgekehrt.* Wenn Sie keine Kontrolle über die Vorhand des Pferdes haben, werden Sie niemals in der Lage sein, die Hinterhand zu kontrollieren. Der Antrieb des Pferdes, sein »Motor«, liegt in der Hinterhand, und es ist viel leichter, die Vorhand auf die Hinterhand einzustellen, als den Motor herumzuwuchten. Dies zu bedenken, ist sehr wichtig – vor allem, wenn Sie mit gerade richtender Arbeit und Arbeit auf zwei Hufschlägen anfangen.

Häufig nehmen Pferde eine Wendung in der Ecke vorweg, und oft sind auch die Reiter faul und geben keine Hilfen für die Wendung. Also beginnt das Pferd, von selbst und immer früher in die Wendung zu gehen. Dadurch bekommt der Reiter das Gefühl, dass das Pferd nach innen ausfällt. Nun versuchen die meisten Reiter, das Pferd in der Ecke mit dem inneren Schenkel nach außen zu »schieben«, oft noch in Kombination mit dem inneren Zügel – und das Pferd hat immer noch keine Hilfe für die Wendung bekommen.

Probieren Sie es selbst aus. Reiten Sie im Schritt am langen Zügel auf dem Hufschlag die lange Seite entlang und parieren Sie mehrmals mit sanftem Zügelzug zum Halten durch. Wenn Sie in die Nähe der kurzen Seite kommen, beginnen die meisten Pferde schon sechs oder sieben Meter vor der Ecke, abzuwenden. Ist Ihr Pferd wirklich gehorsam, sollte es geradeaus weitergehen, bis es mit der Nase fast gegen die Bande der kurzen Seite stößt.

Auf diese ganz einfachen, grundlegenden Hilfen – die Zügelhilfe zum Halten und den vorwärts treibenden Schenkel – komme ich immer wieder zurück, selbst mit meinen Grand Prix-Pferden. Wenn ich bei einer Lektion Probleme bekomme, gehe ich wieder zum ABC zurück, um die Lage zu überprüfen. Bewegt das Pferd sich zu schnell oder zu langsam? Wendet es auf einer Hand weniger bereitwillig ab als auf der anderen? Hat es den Hals zu sehr verkürzt oder gestreckt, hält es ihn zu hoch oder zu tief?

Bei der Arbeit mit dem Pferd können Sie sich das perfekte Ergebnis als Ziel vorstellen, doch an den meisten Tagen werden Sie es nicht erreichen. Deshalb können Sie gezwungen sein, einen Kompromiss zu schließen und zu akzeptieren, dass das Pferd nicht so ideal reagiert, wie Sie es gern gehabt hätten. Man kann eben nicht auf allem bestehen und nicht alles korrigieren.

Sind Sie jedoch gezwungen, mehr und mehr Kompromisse einzugehen, werden Sie irgendwann den Punkt erreichen, an dem Sie innehalten und sich sagen müssen »Das muss jetzt erst einmal geklärt werden«. Dies ist der Zeitpunkt, wieder auf das ABC zurückzugreifen.

Die Übungen, die ich hier beschrieben habe, führt man zunächst im Schritt durch. Wenn das Pferd versteht, was man von ihm will, ist es meistens auch kein großes Problem, nun das Ganze im Trab zu verlangen. Auf erfahreneren Pferden kann man es auch im Galopp probieren.

Das ABC ist eine ausgezeichnete Übung, um den Gehorsam des Pferdes zu fördern und zu überprüfen. Außerdem können Sie so die »Reaktionsschwelle« des Pferdes regulieren. Wenn Sie bei den Übungen des ABCs die vollständige Kontrolle über Ihr Pferd haben und das Pferd sich willig und gehorsam leiten lässt, haben Sie auf dem Weg zum Erfolg schon eine weite Strecke zurückgelegt.

KAPITEL 5

Geraderichten, Stellung, Biegung und Schenkelweichen

Ich habe schon mehrfach erwähnt, wie wichtig es ist, dass das Pferd gehorsam ist und der Reiter jede Bewegung des Pferdes vollständig kontrollieren kann. Der erste Schritt auf diesem Weg ist mein ABC. Um das Pferd weiter zu entwickeln, müssen Sie daran arbeiten, es gerade zu richten, zu biegen und zu stellen und es genau so seitwärts treten zu lassen, wie Sie es möchten.

Geraderichten

Pferde sind ebenso wie Menschen von Natur aus entweder Rechts- oder Linkshänder. Manche Leute behaupten, dies ließe sich auf die Lage des Fohlens im Mutterleib zurückführen. Aus welchem Grund auch immer – jedes Pferd hat eine stärkere und eine schwächere Seite und bewegt sich deswegen von Natur aus ein wenig schief.

Es ist sehr schwierig, auf beiden Körperseiten gleich viel Kraft aufzubauen. Für viele Menschen ist die Tatsache überraschend, dass es sich bei der Seite, die dem Reiter steifer vorkommt, um die stärkere Seite handelt. Ist die rechte Seite eines Pferdes stärker, drückt es die rechte Schulter nach rechts und fast immer gleichzeitig das linke Hinterbein nach links.

Ein Pferd, das auf der rechten Seite steifer ist, drückt seine rechte Schulter nach rechts und oft gleichzeitig sein linkes Hinterbein nach links.

Um das Pferd gerade zu richten, müssen Sie die gesamte Vorhand, hauptsächlich die rechte Schulter, nach links bewegen. Dazu setzen Sie den linken Zügel und den rechten Schenkel ein. Gleichzeitig müssen Sie mit dem linken Schenkel verwahren, um zu verhindern, dass das Pferd das linke Hinterbein nach außen führt und wieder schief wird. Die Vorhand soll auf die Linie der Hinterhand gebracht werden, nicht umgekehrt! Der Motor und die Kraftquelle des Pferdes liegen in der Hinterhand, so dass die Vorhand viel leichter herumzubekommen ist. Vergessen Sie nicht, mit der Einwirkung aufzuhören, sobald das Pferd gerade ist.

Im vorgestellten Beispiel hat der Reiter das Problem mit der *linken* Seite. Solange das Pferd links nichts von Zügelanlehnung wissen will und sich auf der rechten Seite fest macht und sich gegen den linken Zügel wehrt, kann der Reiter am rechten Zügel nicht nachgeben. Sie müssen an einem Zügel Anlehnung aufbauen, um mit dem anderen nachgeben zu können. Das Pferd kommt nur dann an den Zügel, wenn Sie mit diesem Zügel nachgeben können, so dass Sie zunächst links Zügelanlehnung aufbauen müssen, um mit dem rechten Zügel nachgeben zu können. Viele Leute meinen, man müsse das Pferd nach rechts biegen, doch das hilft nichts – so wird das Pferd rechts nur noch stärker.

Wenn ich daran arbeite, ein Pferd gerade zu richten, reite ich am liebsten im Schritt auf der Mittellinie auf einen Spiegel zu. Ich gehe nicht eher zu den gerade richtenden und biegenden Lektionen über, als bis ich das Gefühl habe, das Pferd gut unter Kontrolle zu haben. Das Pferd sollte beim Gehen Körper und Hals völlig gerade halten; Vorder- und Hinterbeine müssen auf demselben Hufschlag gehen. Der Reiter kann das im Spiegel selbst überprüfen, was wesentlich wirkungsvoller ist, als sich von einer anderen Person sagen zu lassen, was vor sich geht.

Wenn ich zum ersten Mal mit einem neuen Schüler arbeite, lasse ich ihn diese Übung machen, um zu sehen, wie gehorsam das Pferd ist. Versuchen Sie es einmal selbst – es ist erstaunlich, wie schwierig das ist.

Stellung und Biegung

Stellung erarbeiten

Wenn Sie gerade gerichtet auf der Mittellinie reiten können, können Sie anfangen, das Pferd zu stellen. Bleiben Sie dazu auf der Mittellinie oder einer anderen geraden Linie (aber nicht auf dem ersten Hufschlag), wobei das Pferd in Körper und Hals gerade und nur im Genick gestellt sein sollte. Die Ohren sollten auf gleicher Höhe bleiben – der Kopf wird also nicht zur Seite gekippt –, und der Kopf sollte nur so weit gestellt sein, dass der Reiter auf der Seite, nach der der Kopf gestellt ist, Augenwinkel und Nüsternrand des Pferdes sehen kann.

Sie sollten das Pferd problemlos sowohl nach links als auch nach rechts stellen können und in der Lage sein, es dazwischen wieder gerade zu richten.

Wollen Sie das Pferd nach rechts stellen, fordert der rechte Zügel zur Stellung auf, während der linke Zügel kontrolliert, wie stark die Stellung wird. Wenn Sie am linken Zügel zu sehr nachgeben, kann das Pferd den Kopf zu weit herumnehmen. Geben Sie zu wenig nach, kann es sich überhaupt nicht stellen.

Die Hilfengebung beim Stellen

Ist das Pferd nach rechts gestellt, stellt der rechte Zügel die wichtigste Hilfe dar. Alle anderen Hilfen tragen jedoch ebenfalls ihren Teil bei.

Damit das Pferd nicht auf die Idee kommt, der Zug am rechten Zügel bedeute »nach rechts abwenden«, muss der Reiter den rechten Schenkel einsetzen, damit das Pferd nicht abwendet. Manchmal versucht das Pferd, das linke Hinterbein nach außen zu drücken, wenn man es zur Stellung nach rechts auffordert – also muss der linke Reiterschenkel bereit sein, das zu verhindern.

Es ist sehr hilfreich, bei dieser Übung auf einen Spiegel zuzureiten. So kann der Reiter sehen, wann und wie stark das Pferd gestellt ist. Außerdem kann er auf diese Weise das, was er sieht, mit dem verbinden, was er spürt. Es ist sehr viel wert, wenn man das Gesehene mit dem Erspürten kombinieren kann, vor allem, wenn Sie zur Arbeit auf zwei Hufschlägen übergehen.

Schenkelweichen

Da ich so viel Wert auf mein ABC lege und bereits am Anfang der Ausbildung damit beginne, lernen meine Pferde schnell, sich seitwärts von meinem Schenkel wegzubewegen. Am besten lehrt man das durch Schenkelweichen, so dass ich mit dieser Übung fast ebenso früh anfange wie mit dem ABC, nämlich sobald das Pferd sich einige Monate lang daran gewöhnt hat, einen Reiter zu tragen.

Schenkelweichen

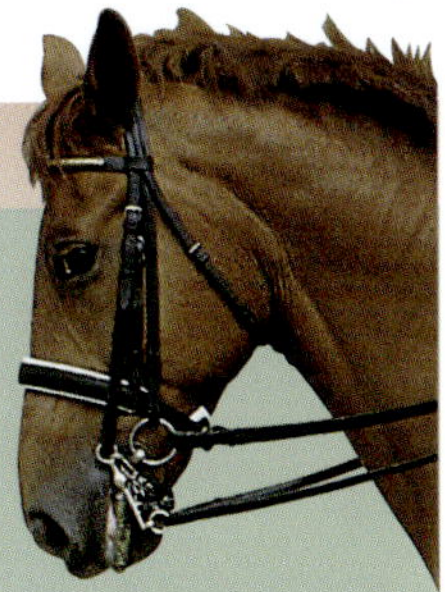

- Lösende Übung
- Dient dem Aufbau von Geschmeidigkeit und Gleichgewicht beim Pferd.
- Verbessert Geschmeidigkeit und Hilfenkoordination des Reiters.
- Der Reiter lernt zu spüren, wie die Bewegungen des Pferdes den Reiterkörper beeinflussen.
- Der Reiter lernt, das Pferd zu verlangsamen und sowohl den vorwärts treibenden als auch den seitwärts treibenden Schenkel damit zu koordinieren.

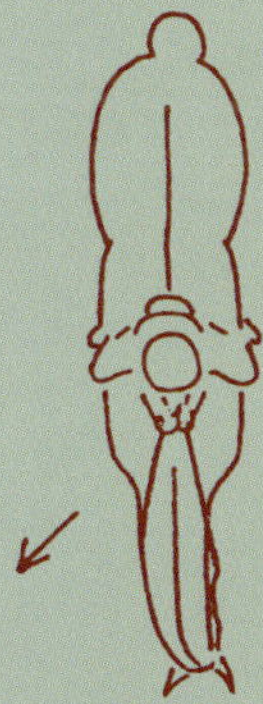

Das Pferd

- Bleibt in Körper und Hals gerade.
- Ist im Genick leicht entgegengesetzt zur Bewegungsrichtung gestellt.
- Ist beim Reiten auf einer diagonalen Linie fast parallel zu der langen Seite, auf die es sich zubewegt.
- Die Vorhand führt immer leicht.
- Das innere Beinpaar kreuzt deutlich vor dem äußeren Beinpaar.

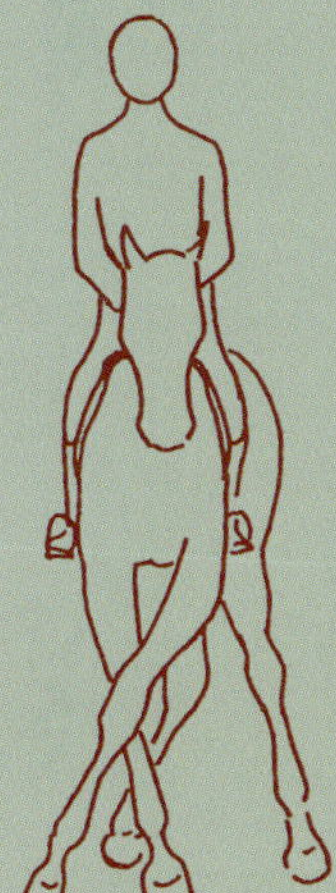

Der Reiter

- Der innere Schenkel wird ganz leicht zurückgenommen, der Druck durch diesen Schenkel veranlasst das Pferd dazu, seitwärts zu treten.
- Der äußere Schenkel treibt das Pferd vorwärts und verhindert, dass die Hinterbeine in der Bewegung führen.
- Der innere Zügel stellt das Pferd.
- Der äußere Zügel begrenzt die Stellung.
- Beide Zügel verlangsamen das Pferd, falls nötig.
- Das Reitergewicht sollte in der Pferdemitte bleiben, sich jedoch gut in die Bewegungsrichtung mitbewegen.

Erste Seitwärts-Tritte

Wenn ich anfange, am Schenkelweichen zu arbeiten, macht es mir nichts aus, wenn ein Pferd nicht korrekt gestellt ist, nicht am Zügel steht oder nicht parallel zur langen Seite läuft. Wichtig ist die Tatsache, dass es meinem Schenkel weicht. Ich selbst bringe einem Pferd das Schenkelweichen auf einer diagonalen Linie bei. Wenn ich mit einem weniger erfahrenen Reiter arbeite, fordere ich ihn meistens auf, das Schenkelweichen so auszuführen, dass die Vorderbeine auf dem Hufschlag gehen und die Hinterbeine weiter innen, so dass der Pferdekopf zur Bande gerichtet ist. So dient die Bande als Bremse.

Ich beginne das Schenkelweichen entweder aus dem Halten oder aus dem langsamen Schritt heraus. Will ich Schenkelweichen nach rechts reiten, beginne ich damit, dass ich meinen linken Schenkel einsetze und das Pferd, falls nötig, auf dieser Seite hinter meinem linken Unterschenkel mit der Gerte antippe. Oft versucht das Pferd dann, dem Druck auszuweichen, indem es schneller wird. Das korrigiere ich, indem ich es mit den Zügeln – hauptsächlich mit dem rechten Zügel – verlangsame. Geht das Pferd immer noch vorwärts statt seitwärts, lasse ich es noch langsamer gehen oder sogar halten und wiederhole dann die Schenkelhilfe. Anders ausgedrückt, mache ich es dem Pferd auf der linken Seite ungemütlich.

Sobald das Pferd einige Tritte seitwärts ausführt, halte ich und klopfe ihm den Hals. Auf diese Weise zeige ich ihm deutlich, dass es getan hat, was ich wollte. Genauso mache ich nun weiter: Ich fordere es zum Seitwärtstreten auf, halte und lasse es erneut seitwärts treten. Mit dieser Methode kann ein erfahrener Reiter einem Pferd in fünf Minuten das Seitwärtstreten beibringen. Natürlich muss man diese Übung in beide Richtungen ausführen.

Das klingt leicht und ist es auch. Sie zielen einfach darauf ab, eine seitwärts gerichtete Reaktion zu bekommen, diese Reaktion immer ein kleines bisschen zu verbessern und sie schließlich zu verlängern.

Denken Sie daran, dass es nichts hilft, das Bein weiter zurückzulegen, wenn das Pferd auf die Schenkelhilfe nicht gleich reagiert. Setzen Sie stattdessen den Schenkel an der richtigen Stelle, also knapp hinter dem Gurt, etwas stärker ein oder verstärken die Schenkelhilfe mit der Stimme oder der Gerte, bei einem älteren Pferd mit dem Sporn.

Ich fange mit dem Schenkelweichen im Schritt an, gehe sehr bald zum Trab über und verlange anfangs natürlich keinen allzu großen Abstellwinkel. Der Schritt ist eine Gangart im Viertakt, so dass es im Schritt für das Pferd schwieriger

Schenkel- oder »Zügelweichen«?

Es ist sehr wichtig, dass das Pferd *auf Grund des Schenkeldrucks* zur Seite tritt und nicht, wie man es oft sieht, auf Grund der Tatsache, dass der Reiter das Pferd mit dem inneren Zügel zur Seite zu schieben versucht. In diesem Falle verwirft sich das Pferd nämlich im Genick und zeigt so eine Art »*Zügelweichen*«, jedoch kein *Schenkel*weichen.

ist, die Beine zu kreuzen und sich seitwärts zu bewegen, als in der Zweitakt-Gangart Trab. Allerdings ist es für einen weniger erfahrenen Reiter im Schritt leichter, seine Bewegungen zu koordinieren, und er hat auch mehr Zeit, zu spüren, wie das Pferd reagiert.

Nicht zu schnell

Die meisten Reiter machen den Fehler, eine Lektion schneller zu reiten, wenn sie nicht klappt, anstatt sie langsamer zu probieren. Will ein Pferd dem Schenkel nicht weichen, wird das in höherem Tempo auch nicht besser gehen. Ganz im Gegenteil, das Pferd wird schneller vorwärts und noch weniger seitwärts gehen.

Wenn ich auf dieses Problem stoße, lasse ich das Pferd halten, um es daran zu erinnern, dass Zug an den Zügeln »langsamer werden« bedeutet. Wenn ich es nun dazu auffordere, meinem Schenkel zu weichen, und es immer noch geradeaus vorwärts gehen will, halte ich es wieder an. Ich wiederhole das, bis die gewünschte Reaktion sich einstellt, und lobe das Pferd erst dann.

Ich reite noch aus einem anderen Grund lieber langsamer: Ich will nicht noch größere Konflikte heraufbeschwören. Das Pferd besitzt einen ausgeprägten Fluchtinstinkt und neigt deswegen immer dazu, zu fliehen, wenn ihm etwas Angst einjagt.

Will ich ein Pferd vollständig unter Kontrolle haben, muss es lernen, mich zu respektieren und sich auf mich zu verlassen – deswegen muss es auch immer auf meine Hilfe zum Halten reagieren. Wenn ich das Gefühl habe, eine stärkere Schenkel- oder Zügelhilfe geben zu müssen, muss ich sehr darauf achten, jeweils nur eine Hilfe zu verändern und diese Hilfe sofort einzustellen und das Pferd zu belohnen, wenn es so reagiert, wie ich es wollte.

Achten Sie darauf, die Schenkelhilfe nie so stark einzusetzen, dass das Pferd Angst bekommt und in die Hand hineinrennt, so dass Sie es grob bremsen müs-

Wenn ein Pferd gerade Schenkelweichen lernt, ist es meiner Meinung nach nicht so wichtig, dass es korrekt gestellt ist. Das Wichtigste ist, dass es gleichmäßig seitwärts geht und dass das innere Beinpaar deutlich vor dem äußeren Beinpaar kreuzt.

ÜBUNG 2

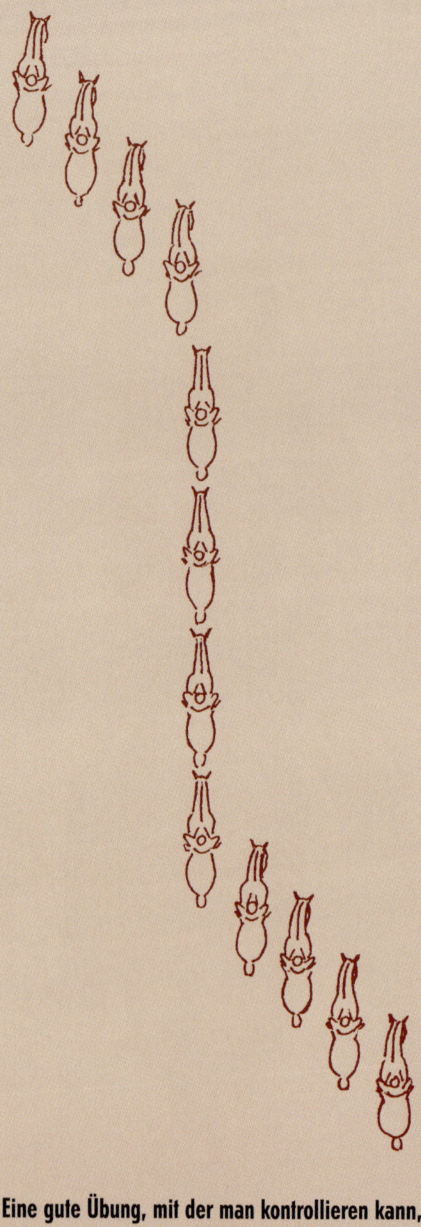

Eine gute Übung, mit der man kontrollieren kann, ob das Pferd korrekt auf die Reiterhilfen reagiert: Vier Tritte Schenkelweichen, vier Tritte geradeaus, vier Tritte Schenkelweichen, vier Tritte geradeaus, und so weiter.

sen. Dabei werden einander widersprechende Hilfen gegeben, die dem Pferd nichts beibringen. Es hat bereits vergessen, warum Sie den Schenkel eingesetzt hatten.

Schenkelweichen für Fortgeschrittene

Wenn das Pferd gelernt hat, sich seitwärts zu bewegen, können Sie anfangen, Schenkelweichen so zu üben, wie es auf Turnieren ausgeführt wird. Meine Erfahrungen haben mich gelehrt, anfangs keine Stellung gegen die Bewegungsrichtung zu verlangen. Weil man diese Stellung als Reiter leicht sehen kann, die eigentliche Bewegung des Pferdes dagegen nicht, konzentriert man sich leicht zu sehr darauf. Die wichtigsten Forderungen sind: Das Pferd muss sich seitwärts bewegen, es muss in Hals und Körper gerade sein, und wenn es auf einer diagonalen Linie geritten wird, muss sein Körper fast parallel zur langen Seite stehen, wobei seine Vorhand leicht führt. Der Reiter muss jederzeit bestimmen können, auf welcher Linie geritten wird und sicherstellen, dass das Pferd sich auch genau dort entlang bewegt. Wenn alle diese Details stimmen, fällt es dem Reiter normalerweise leicht, das Pferd auch noch korrekt zu stellen.

Es ist wichtig, dass der Reiter sich vorher überlegt, wo er die Bewegung enden lassen will, und dass das Pferd sich vom Anfangs- bis zum Endpunkt auf einer geraden Linie bewegt. Fällt es dem Reiter schwer, dieser gedachten Linie zu folgen, kann es sehr hilfreich sein, diese (zum Beispiel mit Sägespänen) auf dem Boden zu markieren und dem Reiter die Aufgabe zu stellen, die Vorderbeine des Pferdes ständig auf dieser Linie zu halten. Diese Übung eignet sich wunderbar, um dem Reiter zu zeigen, wie gut seine Einwirkung beim Schenkelweichen wirklich ist.

Je nachdem, wie groß der Winkel ist, den Sie wählen, muss das Pferd mit den Beinen mehr oder weniger stark kreuzen. Je kürzer die Strecke durch die Bahn, desto schwieriger wird die Übung. Versteht das Pferd die Hilfen zum Schenkelweichen und führt sie gehorsam aus, sollten Sie diese Lektion auf verschieden langen Diagonalen durch die Bahn üben. Wenn das Pferd den Takt verliert und der Gang steif oder verspannt wird, wählen Sie eine längere Linienführung, bis das Pferd ausreichend im Gleichgewicht und kräftig genug ist, um den Takt auch auf der kürzeren Linie beizubehalten.

Sie dürfen nicht vergessen, dass der Reiter vorgeben muss, wie lang die Linie sein soll. Um die Bewegung exakt unter Kontrolle zu haben, muss man daran denken, dass der *innere* Schenkel dafür verantwortlich ist, wie stark das Pferd sich seitwärts bewegt, während der *äußere* Schenkel bestimmt, wie stark das Pferd sich vorwärts bewegt. Mit der Kombination dieser beiden Hilfen kontrolliert man ständig, dass das Pferd auf der vorgegebenen Linie vorwärts und seitwärts geht, dabei im gewünschten Winkel zur Bande steht und die Beine kreuzt.

Vergessen Sie den »Roller-Effekt« nicht. Stellen Sie die Hilfe ein, sobald das Pferd darauf reagiert, und geben Sie sie erst dann erneut, wenn die Reaktion nachzulassen beginnt. Ich möchte betonen, dass es bei einem Pferd, das für die Hilfen »taub« wird und sie missachtet oder ignoriert, so dass der Reiter das Pferd korrigieren und wieder aufmerksamer machen muss, wichtiger ist, dass der Reiter

ÜBUNG 3

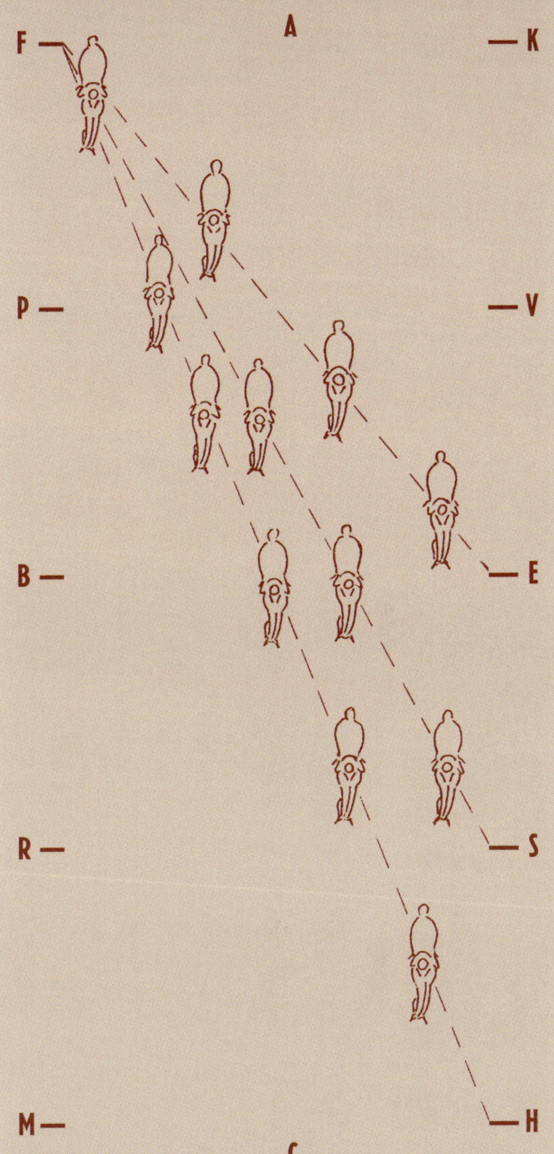

F - H: Schenkelweichen auf einer langen Linie mit leichtem Kreuzen der Beine.

F - S: Eine kürzere Linie erfordert stärker ausgeprägtes Kreuzen der Pferdebeine.

F - E: Eine sehr kurze Linie erfordert starkes Kreuzen der Pferdebeine und ist deswegen für das Pferd am schwierigsten.

überhaupt eine Reaktion erzeugt, als dass er sofort die richtige Antwort bekommt. Wenn man überhaupt keine Reaktion auslösen kann, hat man ohnehin keine Chance, die Richtige zu bekommen.

Achten Sie sehr bewusst darauf, dass das Pferd zwischen einem erfolgreichen Versuch und einem Fehlschlag unterscheiden kann. Bestrafen Sie eine fehlerhafte Ausführung nicht. Finden Sie die Ursache heraus und verbessern Sie die Reaktion auf genau diese bestimmte Hilfe, ehe Sie es noch einmal versuchen. Andererseits ist es ungeheuer wichtig, einen erfolgreichen Versuch sofort und deutlich zu belohnen. So wird das Pferd ermuntert, die erfolgreiche Bewegung zu wiederholen. Pferde lernen ebenso aus ihren Fehlern wie Reiter. Meiner Ansicht nach ist es besser, dass ein Pferd etwas lernt, selbst wenn es nicht absolut perfekt ist, als dass es überhaupt nichts lernt.

KAPITEL 6

Vorhandwendung und Rückwärtsrichten

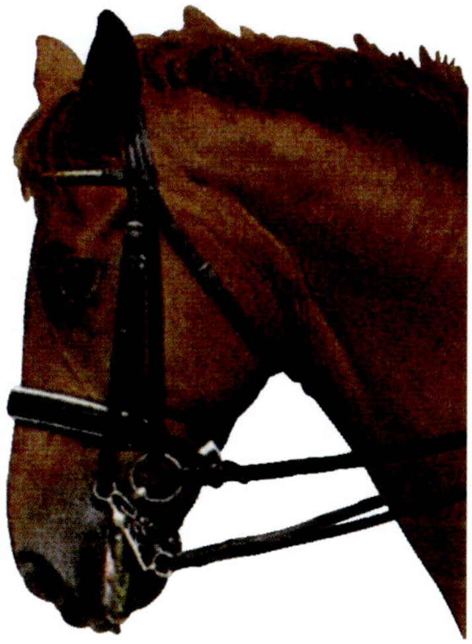

Vorhandwendung

Korrekt ausgeführt, ist die Wendung auf der Vorhand eine Lektion, die die Hinterhand lockert und entspannt. Viele Reiter setzen diese Übung ein, um bei einem jungen Pferd den Gehorsam gegenüber den seitwärts treibenden Hilfen zu verbessern. Ich persönlich benutze dazu lieber das Schenkelweichen, weil ich der Meinung bin, dass die Vorhandwendung ein Pferd zu stark »anhält«.

Zusätzlich dazu, dass das Pferd auf den seitwärts treibenden Schenkel reagieren muss, muss der Reiter auch für die korrekte Stellung sorgen (gegen die Bewegungsrichtung) und sicherstellen, dass das Pferd deutlich die Hinterbeine kreuzt, während es mit den Vorderbeinen fast auf der Stelle treten muss. Für Reitanfänger ist das eine ziemlich schwierige Lektion. Auf Turnieren sieht man diese Lektion nur in den unteren Klassen. Ich setze die Vorhandwendung nur ein, um ein schiefes Rückwärtsrichten zu korrigieren.

Meine Abneigung gegen diese Lektion könnte noch von meiner ersten Reitstunde in Strömsholm stammen, als ich 1972 einen neunmonatigen Kurs belegt hatte. Der inzwischen verstorbene Hans Wikne, unser Dressur-Ausbilder, fragte uns, wofür eine Vorhandwendung gut sein könnte. Ich war an Reittheorie bis dahin überhaupt nicht interessiert gewesen und hatte an die Frage, warum man eine bestimmte Lektion üben sollte, noch keinen Gedanken verschwendet. Natürlich war ich diejenige, die die Frage beantworten sollte. Als einzige logische Antwort fiel mir ein, dass man damit die Hand wechseln könne. Dem Gelächter meiner Mitschüler nach zu urteilen, war das die falsche Antwort. Ich war fürchterlich verlegen und wollte mich nie wieder so blamieren – also begann ich, mich für die Theorie des Reitens zu interessieren.

Rückwärtsrichten

Warum rückwärtsrichten?

Genau wie ein Auto einen Rückwärtsgang haben muss, ist für den täglichen Umgang mit einem Pferd das Rückwärtstreten wichtig. Die Lektion ist in das turniermäßige Dressurreiten aufgenommen worden, um den Bezug zum praktischen Einsatz von Pferden nicht verloren gehen zu lassen. Viel wichtiger ist allerdings, dass man mit der Lektion »Rückwärtsrichten« sehr deutlich zeigen kann, ob ein Pferd gehorsam ist, Vertrauen hat und insgesamt losgelassen ist. Deswegen ist das Rückwärtsrichten Bestandteil praktisch jeder Dressurprüfung bis hinauf zum Grand Prix. Ich bringe bereits vierjährigen Pferden das Rückwärtsrichten bei, sehe es dabei jedoch nicht als Lektion an sich, sondern als eine Kombination von Hilfen, die das Pferd akzeptieren muss.

Die Hilfen zum Rückwärtsrichten

Viele Dressurlehrbücher führen die Hilfen zum Rückwärtsrichten als laterale Hilfen auf, also linker Zügel gleichzeitig mit linkem Schenkel und rechter Zügel gleichzeitig mit rechtem Schenkel.

Um ein Pferd zum Rückwärtstreten zu veranlassen, drückt man auf den »Rückwärtsknopf« an der Bugspitze.

Diese Hilfen benutze ich nicht, weil ich mir diese Übung lieber als eine Vorwärtsbewegung vorstelle, die nach rückwärts ausgeführt wird. Beim stehenden Pferd gebe ich die Hilfe zum Vorwärtstreten. In dem Augenblick, in dem das Pferd versucht, vorwärts zu gehen, begrenzt meine Hand diese Bewegung gefühlvoll. Weil die Hand das Pferd vom Vorwärtstreten abhält, das Pferd sich aber trotzdem bewegen will, wird es nun meist einen Schritt rückwärts tun. Wenn das geschieht, lasse ich den Zug am Maul sofort nach. Wenn das Pferd von allein stehen bleibt, lasse ich es eine kurze Zeit lang stehen und wiederhole das Ganze.

Anfangs ist es gleichgültig, wie viele Rückwärtstritte das Pferd macht; wichtig ist, dass es sich überhaupt traut, rückwärts zu gehen. Außerdem ist es wichtig, dass das Pferd nicht das Gefühl hat, in der Falle zu sitzen, und deswegen rückwärts rennt. Wenn das passiert, pariere ich das Pferd ruhig zum Halten durch und lasse es stehen, bis es sich wieder beruhigt hat. Ich lege meine Unterschenkel beim Rückwärtsrichten nicht zurück, setze mich jedoch etwas leichter hin, wenn ich mit dieser Lektion anfange. So vermeide ich, dass das Pferd sich allzu eingezwängt vorkommt und lernt, mit weggedrücktem Rücken rückwärts zu treten.

Schiefes Rückwärtsrichten korrigieren

Tritt das Pferd schief rückwärts, kann ich dies auf zwei Arten korrigieren. Wenn es nur ein wenig schief tritt, weil es beispielsweise die Hinterhand nach rechts nimmt, kann ich mit dem linken Zügel stärker einwirken, um zu verhindern, dass die linke Schulter ausfällt. Damit wird die Vorhand wieder auf die Linie der Hinterhand gebracht. Gleichzeitig benutze ich den diagonalen (rechten) Schenkel, um das rechte Hinterbein zu kontrollieren und am Ausfallen zu hindern. Geht das Pferd extrem schief und vielleicht auch noch verspannt, korrigiere ich mit einer Vorhandwendung, in diesem Falle unter Einsatz des rechten Schenkels. Wenn das Pferd diese Übung akzeptiert, mache ich mit der vorher beschriebenen Korrektur weiter.

Rückwärtsrichten vom Boden aus

Wenn ich es mit einem Problempferd zu tun habe, das zum Steigen oder womöglich gar zum Überschlagen neigt, bringe ich ihm das Rückwärtsrichten vom Boden aus bei, wo ich sicherer bin. Meiner Erfahrung nach tritt dieses Problem übrigens häufiger bei

Stuten auf. Ich führe das Pferd vom Boden aus auf einer Linie entlang einer Wand oder eines Zaunes, der dem Pferd einen sichtbaren Halt gibt. Nun drücke ich mit dem Daumen gefühlvoll auf die Bugspitze – ich nenne diesen Punkt den »Rückwärtsknopf«. Diese »Hilfe« kann ich auch mit einem leichten Zupfen am Zügel und einem Zungenschnalzen kombinieren. Sobald das Pferd auch nur einen einzigen Schritt rückwärts tritt, lasse ich es stehen, damit es sich entspannen kann, und lobe es sofort. Dann probiere ich es erneut. Manchen Pferden fällt das Rückwärtsgehen sehr schwer; bei ihnen muss man mit viel Ruhe und Geduld vorgehen.

KAPITEL 7

Versammelte Seitengänge

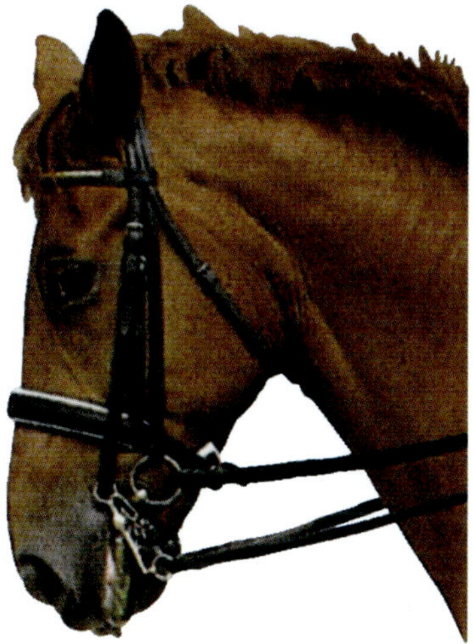

Vorüberlegungen

Die Bedeutung des äußeren Zügels

Weiter vorne im ABC habe ich schon einmal davon gesprochen, wie wichtig es für den Reiter ist, dass er am inneren Zügel nachgeben und gleichzeitig mit Anlehnung am äußeren Zügel reiten kann. Dies ist vor allem nach einer Wendung wichtig, in der der innere Zügel die aktivste Hilfe gewesen ist. Einer der Grundsätze meines Reitsystems lautet, dass das Pferd Anlehnung am äußeren Zügel haben muss, unabhängig von der Biegung oder Stellung. Sowohl auf geraden als auch auf gebogenen Linien muss das Pferd sich auf einem Hufschlag bewegen, so dass Vorder- und Hinterbeine derselben Linie folgen, und dabei stetige Anlehnung am äußeren Zügel haben. So kann ich die äußere Schulter kontrollieren; dadurch ist es leicht, das Pferd korrekt nach innen zu stellen oder zu biegen.

Es gibt noch einen weiteren Grund, warum es so wichtig ist, am äußeren Zügel Verbindung zum Pferdemaul zu haben. Sie müssen in der Lage sein, die Vorderbeine vor die Hinterhand zu positionieren, nicht umgekehrt. Kraft und Antrieb des Pferdes liegen in der Hinterhand, die deswegen stabil bleiben muss, während die leichtere Vorhand sich besser bewegen kann. Indem man die Vorhand auf eine Linie vor die Hinterhand bringt, kann man den Versammlungsgrad erhöhen. Um das tun zu können, muss die Vorhand sich leicht bewegen lassen; leicht bewegen lässt sie sich jedoch nur, wenn der Reiter sie kontrollieren kann; und kontrollieren kann der Reiter sie nur, indem er mit dem äußeren Zügel Anlehnung hält.

Eine gute Verbindung am äußeren Zügel ermöglicht es mir, am inneren Zügel einige Tritte lang nachzugeben, entweder um das Pferd zu belohnen, oder um zu prüfen, ob es in guter Selbsthaltung geht. In diesem Kapitel werden die versammelten Lektionen Schulterherein und Travers besprochen. Travers kann man auf drei verschiedene Arten reiten, wobei die eigentliche Bewegung aber die Gleiche bleibt. Reitet man auf einer geraden Linie, also der Mittellinie, dem dritten oder dem ersten Hufschlag, nennt man die Lektion Travers oder auch Kruppeherein. Wenn man Travers auf einer diagonalen Linie reitet, bezeichnet man dies als Traversale. Renvers, die dritte ähnliche Bewegung, wird ebenfalls auf einer gerade Linie geritten, dies wird etwas später im Laufe dieses Kapitels erklärt.

Stellung und Biegung bei den versammelten Seitengängen

Beim Schenkelweichen, bei dem es sich um einen lösenden Seitengang handelt, muss das Pferd in sich gerade bleiben. Bei den schwierigeren, versammelten Lektionen wie Schulterherein und Travers muss es dagegen in Genick, Hals und Rücken gleichmäßig gebogen sein. Die Stärke der Biegung hängt davon ab, wie gut das Pferd gelöst und versammelt ist, und davon wiederum hängt ab, wie viel an Seitwärtsbewegung verlangt werden kann. Je größer der Winkel ist, in dem das Pferd sich seitwärts bewegt, desto mehr Biegung und Versammlung sind nötig, wenn die Lektion korrekt geritten werden soll (siehe Abb. Übung 6).

Das Biegen trainiert man durch Zirkel- und Voltenarbeit. Der Reiter muss dabei strikt darauf achten, dass die Hinterbeine sich auf demselben Hufschlag bewegen wie die Vorderbeine. So muss das Pferd dieselbe Biegung einnehmen wie die Zirkellinie, auf der es sich bewegt. Ein Pferd, das auf Grand Prix-Niveau geritten wird, kann sich auf einer Sechs-Meter-Volte biegen; mehr Biegung ist einem Pferd nicht möglich. Jüngeren Pferden sollte man keine Volten von weniger als zehn Metern Durchmesser abverlangen.

Viele Reiter haben ein Problem damit, die unterschiedlichen Biegungsgrade des Pferdekörpers zu spüren. Das liegt daran, dass sie dazu neigen, sich auf das zu konzentrieren, was sie vor dem Sattel sehen. Deshalb biegen sie den Hals zu stark und lassen den Rücken gerade. Wird der Rücken nicht gebogen, fällt die Hinterhand nach außen aus, so dass sie einen größeren Bogen beschreibt als die Vorderbeine. Im Prinzip benutzt man für die Biegung dieselben Hilfen wie für die Stellung.

Schulterherein

Erste Schritte im Schulterherein

Schulterherein ist zwar eine leicht versammelnde Übung; ich fange damit jedoch schon bei meinen Vierjährigen an. Allerdings bestehe ich bei ihnen nicht darauf, dass sie die Lektion perfekt zeigen, ich fordere sie nur zu leichter Biegung und flacher Abstellung auf. Bei einem jungen Pferd ist es das Wichtigste, dass der Reiter die Vorhand vom Hufschlag weg nach innen bewegen kann und somit in der Lage ist, sie in Bezug auf die Hinterhand dorthin zu positionieren, wo er sie haben möchte. Diese Fähigkeit ist ungemein nützlich, zum Beispiel beim Geraderichten oder um ein Pferd auf beiden Seiten gleich geschmeidig zu machen.

Dank eines höheren Grades an Versammlung kann ein Grand Prix-Pferd sehr weit kreuzen.

Wenn Sie die Vorhand des Pferdes nicht kontrollieren können, werden Sie niemals Kontrolle über die Hinterhand bekommen, und wenn Sie die Hinterhand nicht kontrollieren können, können Sie auch den Biegungsgrad nicht ausreichend kontrollieren. Das heißt, dass Sie nicht vorgeben können, ob das Pferd sich auf drei oder vier Hufschlägen bewegt oder ob im Travers der Seitenabstand zwischen dem äußeren Hinterbein und dem inneren Vorderbein fünf oder 15 Zentimeter beträgt.

Ich übe Schulterherein und Travers zunächst an der Bande entlang. Es ist leichter, ein Pferd auf einer geraden Linie zu halten, wenn es sich an eine Wand »anlehnen« kann. Die Bande hilft auch dem Reiter, den gedachten Hufschlag zu sehen und sich darauf zu konzentrieren, die korrekte Biegung und Abstellung zu bekommen.

Schulterherein

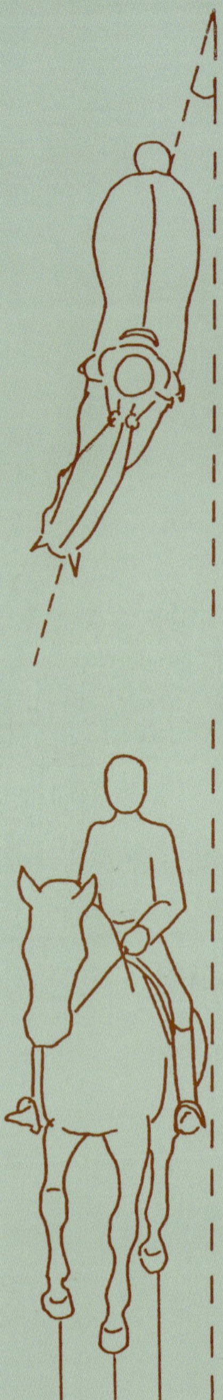

- Versammelnde Übung
- Dient zur Gymnastizierung der Hinterhand und der Vergrößerung der Bewegungsfreiheit der Schultern.
- Verbessert die Hilfenkoordination des Reiters.
- Lehrt den Reiter, Steifheit oder Schiefe seines Pferdes zu analysieren.

Das Pferd

- Ist in Hals und Körper gleichmäßig gebogen.
- Ist gegen die Bewegungsrichtung gestellt und gebogen.
- Tritt mit den Hinterbeinen auf dem Hufschlag, mit den Vorderbeinen innerhalb des Hufschlages.
- Bewegt sich auf drei Hufschlägen (1: Äußeres Hinterbein; 2: Inneres Hinterbein und äußeres Vorderbein; 3: Inneres Vorderbein).
- Kreuzt das innere Beinpaar vor dem Äußeren.
- Der ideale Abstellungswinkel beträgt 30°.

Der Reiter

- Gibt die gleichen Hilfen wie für eine Wendung:
- Der *innere Zügel* wendet die Vorhand vom Hufschlag ab und führt sie nach innen; er biegt das Pferd im Hals und stellt das Genick.
- Der *äußere Zügel* kontrolliert Biegung und Stellung.
- Wenn nötig, verhindern *beide Zügel*, dass das Pferd die Linie verlässt.
- Der *innere Schenkel* liegt in seiner normalen Position direkt hinter dem Gurt und hält das Pferd auf dem Hufschlag; das Pferd biegt sich außerdem um diesen Schenkel.
- Der *äußere Schenkel* liegt ein wenig weiter hinten, treibt das Pferd vorwärts und verhindert, dass die Hinterbeine ausfallen und an Versammlung verlieren.
- Das *Gewicht* bleibt in der Pferdemitte, bewegt sich jedoch gut in die Bewegungsrichtung mit.

Häufige Probleme beim Schulterherein

Beim Schulterherein ist es wichtig, dass die Hinterbeine auf dem Hufschlag bleiben, während die Vorderbeine nach innen abgestellt werden. Ein häufiger Fehler ist, dass das Pferd nach innen vom Hufschlag abkommt, weil der Reiter nicht genügend mit dem äußeren Zügel einwirkt, um es am Verlassen des Hufschlages zu hindern. In diesem Fall versucht der Reiter oft, das Pferd mit dem inneren Zügel zu bremsen und es mit dem inneren Schenkel wieder auf den Hufschlag zu drücken. Damit verstärkt er den Fehler nur und bewirkt eine Bewegung, die dem Schenkelweichen ähnelt, also einer lösenden Übung statt einer versammelnden Lektion.

Damit der Reiter lernt, wie er dieses Problem in den Griff bekommt, sollte er sich von der Bande lösen und sich eine Linie ohne Begrenzungen suchen, beispielsweise die Mittellinie. Zunächst sollte er Schulterherein in ziemlich langsamem Schritt reiten. Vom Schulterherein sollte er dann langsam, im Verlauf mehrerer Tritte und ohne seine Linie zu verlassen oder die Abstellung zu verändern, versuchen, das Pferd auf die andere Seite zu biegen, so dass ein leichter Renvers entsteht (siehe Abb. Übung 5A). Dann reitet er weiter und biegt, wiederum im Verlauf mehrerer Tritte, das Pferd langsam wieder zum Schulterherein zurück. Es empfiehlt sich, diese Übung mehrmals zu wiederholen.

Das Wichtigste ist dabei nicht, dass man die Biegung ganz genau einhält. Ziel des Ganzen ist, dem Reiter beizubringen, wie er auf die Vorhand einwirken und sie bewegen und wie er Biegung

Master im perfekten Schulterherein – deutlich auf drei Hufschlägen.

und Stellung von einer Seite zur anderen verlagern kann. Im gesamten Verlauf der Übung muss der Reiter sehr gut darauf achten, dass Vorderbeine und Hinterbeine auf den jeweiligen Hufschlägen bleiben (siehe Abb. Übung 5).

Diese Übung löst das Problem, dass das Pferd beim Schulterherein vom Hufschlag abzuweichen versucht. Es lernt so, auf den äußeren Zügel zu hören und dessen Einwirkung zu gehorchen. Bei einem jungen Pferd ist es eigentlich egal, ob man den Renvers nur auf drei Hufschlägen reitet. Ziel der Übung ist lediglich, das Pferd vollständig unter die Kontrolle des Reiters zu bringen. Außerdem macht sie dem Reiter klar, wie viel schwieriger es ist, die volle Kontrolle zu behalten, wenn das Pferd keine Bande hat, an der es sich orientieren kann.

Wenn Sie diese Übung probieren wollen, folgen Sie meinem Rat und reiten Sie sie erst so lange im langsamen Tempo, bis Sie sie vollständig beherrschen. Ich beginne immer im langsamen Schritt und beschleunige erst dann zu schnellerem Schritt oder zum Trab.

Travers und Renvers

Erste Travers-Schritte

Wenn ich Travers (Kruppeherein) lehre, fange ich an der langen Seite an. Die Vorhand des Pferdes soll sich auf dem Hufschlag befinden, seine Stirn soll in die Bewegungsrichtung zeigen. Nun muss der Reiter entscheiden, wie stark er die Hinterhand zur Seite abstellen will, auf drei oder auf vier Hufschläge – je nach Biegungs- und Versammlungsgrad. Nimmt das Pferd die Hinterhand nicht weit genug zur Seite, liegt das normalerweise daran, dass es nicht auf den äußeren Schenkel reagiert. Dann machen viele Reiter den Fehler, den Pferdehals mit dem inneren Zügel weiter nach innen zu ziehen, anstatt das Pferd mit dem äußeren Schenkel zu korrigieren. So wird das Ganze noch schwieriger für das Pferd, weil die innere Schulter jetzt vom inneren Zügel blockiert wird.

Wenn der Travers entlang der langen Seite klappt, können Sie die Übung auf einer nicht begrenzten Linie probieren, vorzugsweise auf der Mittellinie. Ein Spiegel, in dem Sie sich selbst beobachten und die Haltung des Pferdes überprüfen können, ist sehr hilfreich. Eine gute Übung besteht darin, einige Tritte im Travers zu reiten, dann die Hinterhand wieder hinter den Vorderbeinen zu positionieren und schließlich wieder zum Travers auf dieselbe Seite wie

Travers (Kruppeherein) und Traversale

- Sind versammelnde Übungen.
- Dienen zur Gymnastizierung der Hinterhand und zur Vergrößerung der Bewegungsfreiheit der Schultern.
- Verbessern die Hilfenkoordination des Reiters.
- Lehrt den Reiter, Steifheit oder Schiefe seines Pferdes zu analysieren.

Das Pferd

- Ist in Körper und Hals gleichmäßig in die Bewegungsrichtung gebogen.
- Die Pferdestirn sollte genau in die Bewegungsrichtung zeigen.
- Die Ohren sollten auf gleicher Höhe bleiben.
- Die Vorhand bewegt sich auf dem Hufschlag, die Hinterhand innerhalb des Hufschlages.
- Das Pferd bewegt sich je nach Grad der Biegung und Abstellung auf drei bis vier Hufschlägen.
- Das äußere Beinpaar kreuzt deutlich vor dem Inneren.
- Beim Travers auf der langen Seite ist eine Abstellung von 30° ideal.
- Bei der Traversale (Travers auf einer diagonalen Linie) sollte das Pferd fast parallel zur langen Seite bleiben. Die Vorhand führt leicht in der Bewegung.

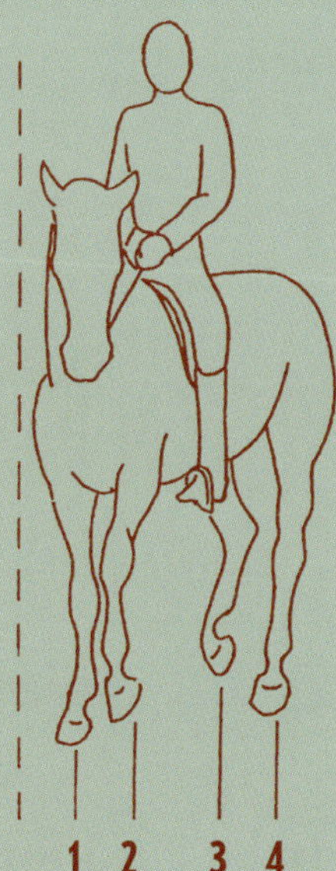

Der Reiter

- Der *innere Zügel* stellt und biegt das Pferd in die Bewegungsrichtung.
- Der *äußere Zügel* kontrolliert Stellungs- und Biegungsgrad.
- Der *äußere Schenkel* liegt etwas hinter dem Gurt und veranlasst die Hinterhand, zur Seite zu treten.
- Der *innere Schenkel* bleibt in der normalen Position und »bewacht« die Vorhand des Pferdes; außerdem treibt er das Pferd vorwärts .
- Der *innere Schenkel* regt außerdem das innere Hinterbein zum vermehrten Untertreten an, so dass auch das äußere Hinterbein aktiver wird
- Das *Gewicht* wird leicht in die Bewegungsrichtung verlagert.

Renvers

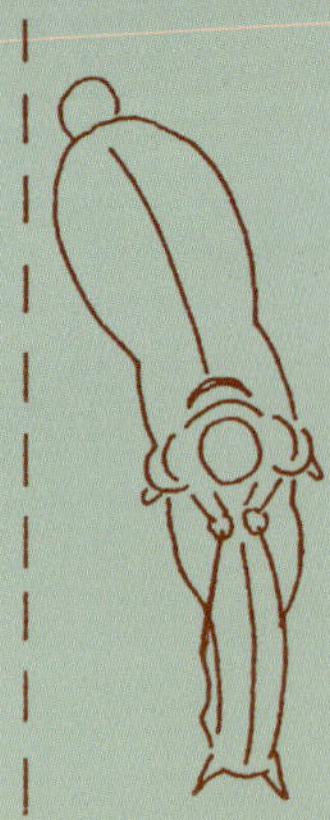

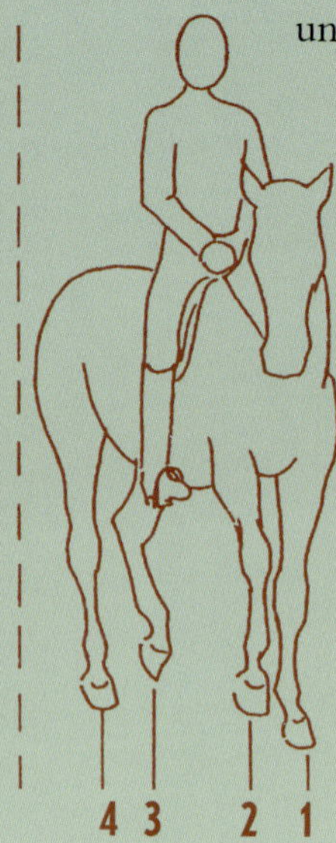

■ Renvers ist im Prinzip dieselbe Bewegung wie Travers. Beim Travers bewegt das Pferd die Vorhand auf dem Hufschlag und die Hinterhand innerhalb davon (auf einer Volte würde die Hinterhand einen kleineren Kreis beschreiben), während sich beim Renvers die Vorhand innerhalb des Hufschlags bewegt (auf einer Volte würde die Hinterhand einen größeren Kreis beschreiben).

■ Wird Renvers auf der langen Seite geritten, verhindert die Bande, dass die Hinterhand herumtreten kann. Deswegen muss die Lektion so geritten werden, dass die Vorderbeine sich ungefähr auf dem zweiten Hufschlag bewegen und die Hinterbeine auf dem Ersten.

vorher überzugehen. Nach einiger Zeit werden Sie so weit sein, dass Sie die Hinterbeine auch zur anderen Seite hin positionieren können (siehe Abb. Übung 5B). Diese Übung lehrt den Reiter, zu spüren, wo die Hinterbeine sich gerade befinden, und auf die Hinterhand einzuwirken. Sie ist auch nützlich für Reiter, die dazu neigen, den äußeren Schenkel zu stark einzusetzen. Kommt das Pferd leicht aus dem Takt, kann es besser und mit schöneren Tritten vorwärts gehen, wenn Sie es weniger stark zum Biegen auffordern oder es etwas gerade richten. Denken Sie immer daran, dass der Pferdekopf geradeaus in die Bewegungsrichtung zeigen muss. Wenn Sie Travers reiten, lassen Sie die Hinterhand seitwärts treten – und dürfen dabei nicht vergessen, dass es immer noch von entscheidender Wichtigkeit ist, die Kontrolle über die Vorhand zu behalten.

Traversale

In internationalen Prüfungen wird Travers immer auf der Diagonalen verlangt und dann als Traversale bezeichnet. Ebenso wie beim Travers hängt der Grad der Abstellung bei der Traversale vom Grad der Versammlung ab. Im Prix St. Georges wird eine geringere Abstellung und weniger Biegung verlangt als im Grand Prix (siehe Abb. Übung 6).

Ebenso wie beim Schenkelweichen auf der Diagonalen muss die Vorhand der Hinterhand immer leicht voraus gehen. Ein Beobachter, der sich an der kurzen Seite platziert, kann dem Reiter dabei helfen, die korrekte Biegung zu erspüren und zu fühlen, ob die Hinterbeine den Vorderbeinen voraus laufen oder sich nicht genug seitwärts bewegen.

Eine korrekt ausgeführte Traversale von vorne und von hinten gesehen. Das junge Pferd zeigt noch keinen so hohen Versammlungsgrad wie ein Grand Prix-Pferd.

ÜBUNG 4

Beim Schulterherein sollte das Pferd so gebogen sein und sich so halten, als ob es gerade eine Volte beginnen würde.

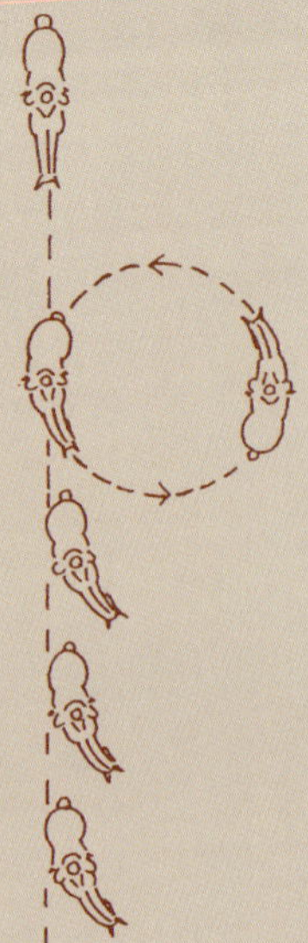

Beim Travers sollte das Pferd so gebogen sein und sich so halten, als ob es gerade eine Volte beenden würde.

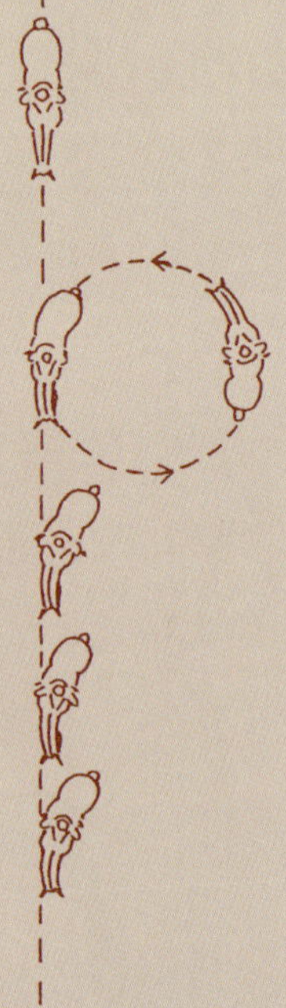

ÜBUNG 5

A (links): Schulterherein – gerade richten (unter Beibehaltung der Abstellung) – Renvers. Eine gute Übung für mehr Einwirkung auf die Vorhand, die im Schritt und Trab ausgeführt werden kann.

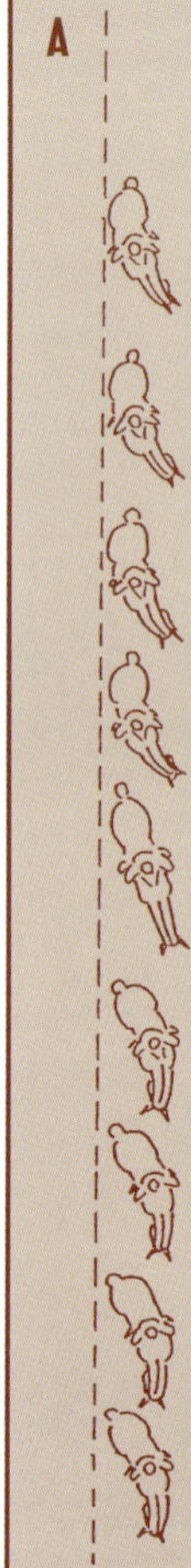

B (rechts): Travers nach links – geradeaus – Travers nach rechts. Eine gute Übung, sowohl im Schritt als im Trab auszuführen, für mehr Einwirkung auf die Hinterhand.

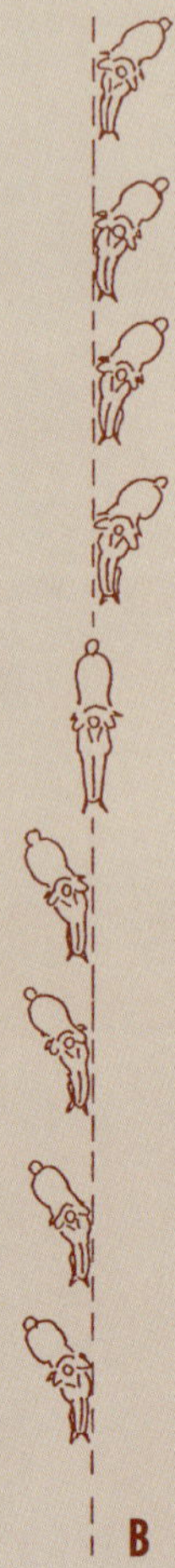

Für Traversalen markiere ich mit Sägespänen eine Linie auf dem Boden, die dem Reiter zeigt, wo er die Vorderbeine des Pferdes halten sollte. Der Reiter soll das Gefühl dafür bekommen, wie er den inneren Zügel nur dazu benutzt, die Richtung anzugeben, während er mit dem äußeren Zügel das Pferd auf der Linie hält.

ÜBUNG 6

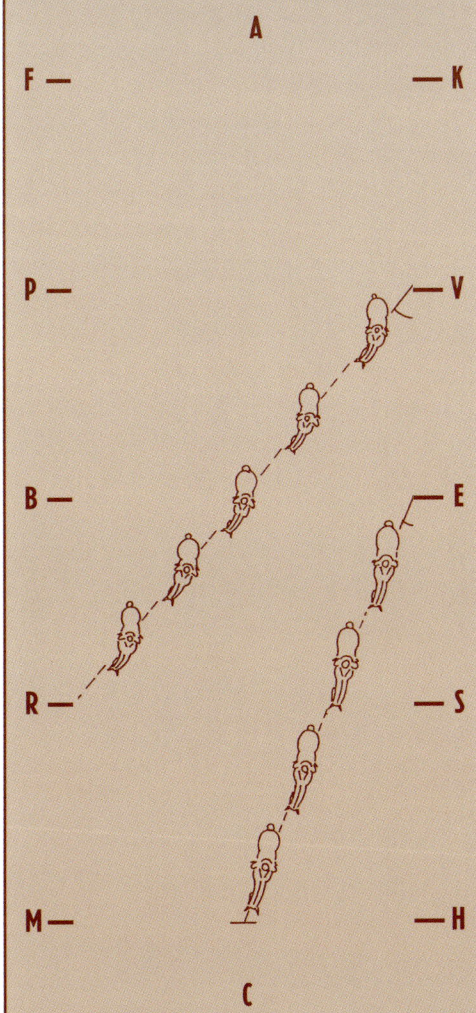

Die unterschiedliche Abstellung und Biegung in der Traversale für den Grand Prix (V - R) und den Prix St. Georges (E - G).

Vorsicht vor zu starken Hilfen

Beim Üben von Travers und Renvers passiert es gegen Ende der Lektion oft, dass der Reiter immer stärkere Hilfen einsetzt. Vielleicht hat der Reitlehrer »mehr äußerer Schenkel« gefordert, und weil darauf keine Reaktion kam, »noch mehr äußerer Schenkel!« verlangt. Bald quetscht der Reiter das Pferd und arbeitet mit zu starkem Druck. Eine einzige entschlossene Korrektur mit Stimme, Sporn oder Gerte ist viel wirkungsvoller. Das Pferd muss so sensibel und aufmerksam sein, wie der Reiter es haben möchte. Kein Pferd jedoch wird ständig so sensibel bleiben: Vielleicht wird es ein wenig faul, oder der Reiter passt nicht mehr richtig auf. Manchmal muss man die Sensibilität des Pferdes überprüfen und korrigieren. Erinnern Sie sich noch an den »Roller-Effekt«?

Wenn der Reiter die gedachte Linie vor seinem inneren Auge sehen kann, wird er leichter lernen, die Traversale in die Bewegungsrichtung vorwärts zu reiten, anstatt einfach nur zu versuchen, das Pferd seitwärts zu schieben.

Bei allen Seitengängen ist es wichtig, dass das Pferd eine Verbesserung seiner Bewegungsmanier zeigt. Wenn dies nicht eintritt und die Gänge kürzer und steifer werden, macht der Reiter etwas falsch: Er fordert zu viel Abstellung, wirkt mit den Händen zu stark ein, sitzt in die falsche Richtung oder tut etwas anderes, wodurch er das Pferd aus dem Gleichgewicht bringt. In diesem Fall gilt es, nach der

Ursache zu fahnden. Manchmal müssen Sie mit Abstellung und Biegung experimentieren, bis Sie den »kritischen Punkt« für Ihr Pferd gefunden haben. Es kann hilfreich sein, die Lektion für eine Weile einfacher zu gestalten und dem Pferd ein wenig Entspannung zu gönnen, ehe Sie versuchen, wieder über diesen Punkt hinauszugehen. Um die Probleme und Grenzen bei Pferd und Reiter herauszufinden, können Sie auch das Tempo variieren.

Bis jetzt habe ich über Basisarbeit im Schritt und Trab gesprochen und lediglich zusätzlich erwähnt, dass einige der Lektionen auch im Galopp ausgeführt werden können. Ehe ich zu den schwierigeren Galopplektionen übergehe, erscheint es mir wichtig, den Übergang zum Galopp und die Vorbereitung eines Pferdes auf die fortgeschritteneren Lektionen in dieser Gangart genauer zu betrachten. Ich reite häufig junge Hengste, die für die Körung bereits am Anfang ihrer Karriere auch im Galopp geprüft werden müssen. Normalerweise beginne ich bei der Ausbildung schon früh mit der Galopparbeit, ohne zunächst allzu viel zu verlangen. Meine Ziele sind lediglich, dass das Pferd im Galopp ins Gleichgewicht kommt und in der Lage ist, auf dem richtigen Fuß anzugaloppieren.

Hier ist mein Rezept für gute Seitengänge

Üben Sie die Lektionen zuerst an der langen Seite, dann auf der Mittellinie, und schließlich auf der Diagonalen (außer Schulterherein).

Üben Sie die Lektionen zuerst im Schritt, dann im Trab. Können sie im Trab problemlos ausgeführt werden, ist es meist nicht allzu schwierig, sie auch im Galopp zu zeigen. Schulterherein ist eine ausgezeichnete Übung, um ein Pferd im Galopp gerade zu richten – auch wenn diese Lektion in keiner Prüfung vorkommt. Ich reite allerdings nur selten Travers auf einer geraden Linie im Galopp, weil man damit riskiert, dem Pferd beizubringen, dass es der Versammlung entgehen kann, indem es auf zwei Hufschlägen galoppiert. Ebenso reite ich im Galopp keinen richtigen Renvers, obwohl ich manchmal auf einem Zirkel auf eine renversartige Positionierung des Pferdes nach außen zurückgreife, wenn ich das Pferd auf einen fliegenden Wechsel vorbereite, über den wir später sprechen werden.

KAPITEL 8

Galopparbeit

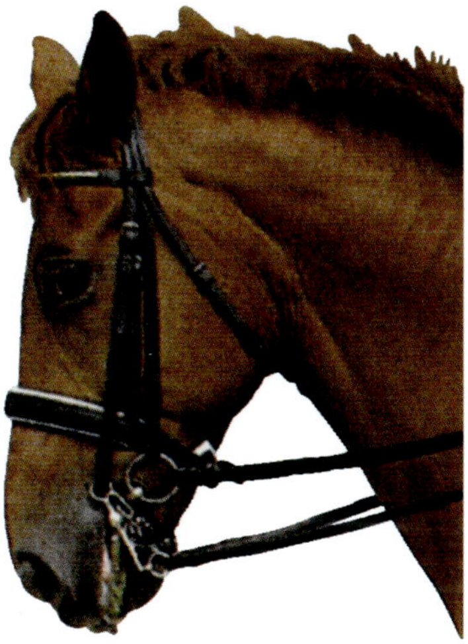

Angaloppieren

Erste Versuche

Wenn ich ein wenig ausgebildetes Pferd reite, fordere ich es aus dem Trab zum Angaloppieren auf. Das tut man am besten auf einem Zirkel an einem Ende der Bahn. Wenn man die offene Seite des Zirkels verlässt und in einem Winkel auf die Bande oder den Zaun zureitet, muss das Pferd automatisch weiter auf dem Zirkel bleiben und so im richtigen Galopp anspringen.

Ich achte strikt darauf, dass der äußere Zügel die Verbindung zum Pferdemaul hält. Wenn ich mich auf der rechten Hand befinde und rechts angaloppieren will, unterstütze ich das Pferd mit dem linken, äußeren Zügel.

Der rechte Zügel dagegen bleibt locker, damit er die rechte Schulter und das rechte Hinterbein nicht blockiert. Das rechte Hinterbein muss beim Galoppieren weit nach vorne unter das Pferd greifen können.

Wenn ich sage, dass der innere Zügel locker bleiben muss, dann meine ich *wirklich locker* und nicht nur, dass der Reiter ein bisschen weniger daran zieht! Das Pferd muss sich darauf verlassen können, dass der Reiter ihm mit dem inneren Zügel keinen Ruck im Maul verpasst. Wiederholt man das Angaloppieren mit lockerem inneren Zügel fünf oder sechs Mal, wird selbst ein Problempferd während des Überganges die Unterstützung des äußeren Zügels akzeptieren.

Der Galopp, eine Bewegung im Dreitakt, hat sechs Phasen. Die Zeichnung zeigt, dass das innere Vorder- und Hinterbein in den ersten drei Phasen deutlich vor das äußere Beinpaar greifen. Aus diesem Grund ist es ungeheuer wichtig, beim Angaloppieren am inneren Zügel nachzugeben – nur so kann das innere Beinpaar maximal vorgreifen.

Wenn ich einem Pferd das Angaloppieren beibringe, ist es mir egal, ob es nach außen schaut – in diesem Falle nach links. Wenn Pferde frei und ohne Reiter laufen, nehmen sie beim Angaloppieren den Kopf immer leicht nach außen.

Die Galopphilfen

Das Reitergewicht bleibt auf *beiden* Gesäßknochen. Der äußere Schenkel (in diesem Falle der linke) bleibt in seiner normalen Position knapp hinter dem Gurt und wird eng an den Pferdebauch angelegt, um bei Bedarf tätig zu werden. Der innere (rechte) Schenkel wird eine Kleinigkeit weiter vorne angelegt. Um aus dem Schritt oder Trab einen fließenden Übergang in den Galopp zu erzielen, muss der Reiter die korrekte Bewegungsphase abwarten – in diesem Falle also den Augenblick, in dem sich das rechte Hinterbein in der Luft befindet, das linke dagegen auf dem Boden. In diesem Augenblick schiebe ich die innere Hüfte vorwärts, setze den inneren Schenkel ein und unterstütze die Hilfe mit der Stimme oder einem leichten Antippen mit einer kurzen Gerte an der inneren Schulter. Der äußere Zügel verlangsamt den Trab, falls das Pferd versucht, schneller zu werden. Ist der Reiter feinfühlig genug, um den richtigen Augenblick spüren zu können, und kann er sich gut im Gleichgewicht halten, wird das Pferd im korrekten Galopp anspringen.

Bei einem unausgebildeten Pferd bin ich zunächst schon zufrieden, wenn es überhaupt angaloppiert, egal, ob im richtigen oder falschen Galopp. Nach einigen Versuchen sollte es allerdings im richtigen Galopp anspringen, und wenn es das tut, lasse ich es im Galopp gut vorwärts gehen und lobe es. So wird der Galopp zu einer angenehmen Erfahrung, die das Pferd gerne wiederholt.

Angaloppieren für Fortgeschrittene

Bei älteren Pferden, von denen ich ein fast perfektes Angaloppieren erwarte, zerlege ich die Bewegung in kleinere Teile. Zunächst versichere ich mich, dass das Pferd Vorder- und Hinterbeine auf demselben Hufschlag bewegt und weder die Schulter nach außen, noch die Hinterhand nach innen gegen meinen Schenkel drückt. Es muss zwischen Hand und Schenkeln gerade gerichtet sein. Dann überprüfe ich, ob es auf mich achtet und gehorsam auf äußeren Zügel und inneren Schenkel reagiert.

Wenn ich einen Rechtsgalopp vorbereite, reite ich einen Zirkel auf der rechten Hand. Ich lasse die Vorderbeine des Pferdes auf der Zirkellinie gehen, während ich die Hinterhand etwas nach außen abstelle (also nach links). Das ähnelt einem Renvers: Das Pferd ist leicht zur Außenseite des Zirkels gestellt und gebogen. Wenn ich überzeugt bin, dass das Pferd in dieser Haltung auf meinen äußeren Zügel und den inneren Schenkel achtet, richte ich es gerade und achte dabei darauf, die Verbindung am äußeren Zügel zu erhalten. Schließlich versichere ich mich noch, dass das Pferd weich am inneren Zügel steht, indem ich innen das Gebiss ein wenig bewege, bevor ich mit dieser Hand nachgebe. Gleichzeitig bringe ich den inneren Schenkel etwas nach vorne, um das Pferd auf die Tatsache aufmerksam zu machen, dass es jetzt gleich angaloppieren soll, dann schiebe ich innere Hüfte und inneren Gesäßknochen nach vorne und fordere so das Pferd zum Galopp auf.

Mein System funktioniert so ähnlich wie das Starten bei einem Dieselfahrzeug: Zuerst glüht man vor, und dann kann man den Anlasser betätigen. Mein innerer Schenkel besorgt das Vorglühen, meine innere Hüfte und der innere Gesäßknochen wirken als Anlasser.

Ich lege dabei nie den äußeren Schenkel nach hinten, denn dadurch würde das Pferd mit nach innen gebogener Hinterhand anspringen und auf zwei Hufschlägen galoppieren.

Die Technik, vor dem Übergang in den Galopp einen Renvers zu reiten, ist sowohl bei sensiblen als auch bei faulen Pferden wirkungsvoll. Das sensible Pferd reagiert meist zu stark auf den Schenkel. Durch den Renvers wird der Reiter in die Lage ver-

ÜBUNG 7

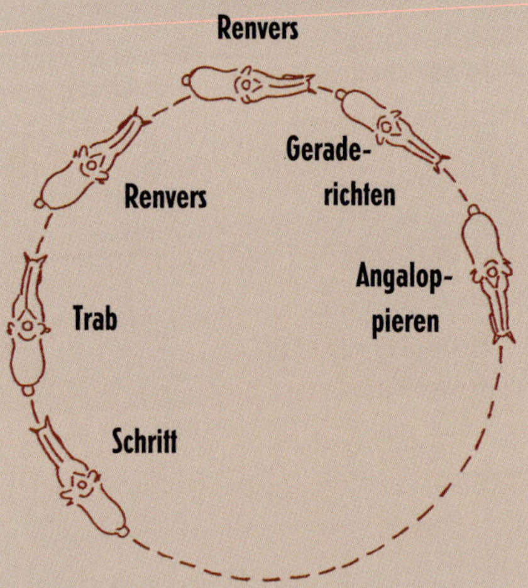

Das Angaloppieren bereite ich oft folgendermaßen vor: Ich reite im Schritt oder Trab auf dem Zirkel. Um zu überprüfen, ob das Pferd auf die Galopphilfen achtet – äußerer Zügel (links) und innerer Schenkel (rechts) – reite ich auf dem Zirkel einen leichten Renvers. Wenn das Pferd gut auf mich achtet, stelle ich es gerade und behalte dabei am äußeren Zügel die Verbindung bei. Mit dem inneren Schenkel fordere ich es zum Angaloppieren auf und bringe dabei, das ist ganz wichtig, die innere Hüfte nach vorne.

setzt, mit der eigentlichen Galopphilfe so lange zu warten, bis das Pferd das Anlegen des inneren Schenkels akzeptiert. Bei einem faulen Pferd kann der Reiter mit dem Renvers die Schenkelhilfe verstärkt einsetzen, um eine bessere Reaktion des Pferdes zu erzielen, bevor er es zum Angaloppieren auffordert.

Wenn Sie vorwärts reiten können, ohne das Pferd mit der Hand festzuhalten, bekommen Sie nach einem guten Angaloppieren auch den bestmöglichen Galopp.

Je besser und sicherer das Pferd die Übergänge zum Galopp beherrscht, desto weniger wird man bei der Vorbereitung auf den Renvers zurückgreifen müssen. Schließlich wird es zur Vorbereitung reichen, wenn man nur an den Renvers denkt.

Häufige Probleme beim Angaloppieren

Viele Reiter machen den Fehler, während des Angaloppierens das Pferd mit dem inneren Zügel langsamer machen zu wollen oder zu starke Anlehnung zu halten. Dadurch wird die Bewegung des inneren Beinpaares verkürzt und blockiert, und die Beine können nicht nach vorne greifen. Wenn ein Pferd beim Angaloppieren den Kopf hochwirft, versuche ich nicht, Kopf und Hals mit dem inneren Zügel unten zu halten. Stattdessen wiederhole ich das Angaloppieren mit stetiger Unterstützung durch den äußeren Zügel, bis das Pferd sich nicht länger widersetzt. Ich kann das Pferd auch mit dem inneren Zügel in den Galopp führen, indem ich die innere Hand in Richtung meiner Hüfte nehme, so dass das Pferd am losen inneren Zügel lockerer wird und den Hals hergibt, dabei muss jedoch die Verbindung am äußeren Zügel bestehen bleiben.

Versucht das Pferd, direkt vor oder während des Angaloppierens die Hinterhand nach innen zu schieben, verhindere ich zunächst das Ausfallen der äußeren Schulter durch den Einsatz des äußeren Zügels und korrigiere dann das Hinterbein mit dem inneren Schenkel. Sobald das Pferd wieder gerade gerichtet geht, kann ich erneut versuchen, korrekt anzugaloppieren.

Außengalopp

Sobald das Pferd im Handgalopp im Gleichgewicht geht, ist es an der Zeit, mit dem Außengalopp anzufangen. Diese Übung verbessert das Gleichgewicht des Pferdes weiter. Beim Außengalopp greift das äußere Beinpaar des Pferdes weiter vor. Ich halte den Außengalopp nicht für eine besonders komplizierte Lektion: Außengalopp reitet man auch nicht anders als Handgalopp.

Häufige Schwierigkeiten beim Außengalopp

Beim Außengalopp konzentrieren viele Reiter sich zu sehr auf die Vorstellung, dass das Pferd auf einer gebogenen Linie nach der Seite gestellt sein soll, auf der die Beine weiter vorgreifen. Sie

Auf diesem Foto sieht man den Augenblick, in dem das innere Hinterbein im Linksgalopp maximal nach vorne greift.

neigen dazu, diese Stellung zu übertreiben, und sind deswegen nicht in der Lage, ein Pferd so in eine Wendung zu reiten, dass sie den Zügel auf der Seite verwenden könnten, auf die sie abwenden wollen. Also versuchen sie, das Pferd mit dem stellenden Zügel zur Seite zu drücken (wie beim Neckreining im Westernreiten), während sie den eigentlichen wendenden Zügel gänzlich durchhängen lassen. Wird der stellende Zügel jedoch so kurz genommen, dann schränkt er das weiter ausgreifende Beinpaar ein, so dass der Galopp unrund wird und nicht mehr federt.

Wenn ich mit dem Außengalopp anfange, lege ich mein Hauptaugenmerk auf den wendenden Zügel, selbst wenn das bedeutet, dass das Pferd im Genick gerade bleibt oder manchmal sogar in die Bewegungsrichtung gestellt ist. Erst wenn das Pferd die

Ein Pferd im Außengalopp auf dem Zirkel auf der rechten Hand. Die Aufnahme zeigt deutlich, dass im Linksgalopp das linke Vorderbein am weitesten vorgreift.

Wichtig: Der richtige Zeitpunkt

Wenn Sie Schwierigkeiten damit haben, den besten Moment für das Angaloppieren zu erspüren (nämlich dann, wenn das innere Hinterbein sich in der Luft befindet), müssen Sie akzeptieren, dass das Pferd auf die gegebene Hilfe nicht sofort reagiert. Lassen Sie es einige Tritte machen und den richtigen Augenblick selbst herausfinden. Das soll nun nicht heißen, dass das Pferd noch fünf oder zehn Tritte macht, bevor es endlich angaloppiert – ein oder zwei reichen vollkommen. Wenn man ein Pferd im falschen Moment zum Angaloppieren zwingt, wird daraus wahrscheinlich ein holperiger, verspannter Übergang und ein falscher Galopp.

Wendungen problemlos und ohne Taktverlust durchgaloppieren kann, konzentriere ich mich auf die richtige Stellung, die ohnehin nur geringgradig ist. Es ist wichtig, dass die Stellung nicht dadurch erzeugt wird, dass man dem Pferd den Kopf zur Seite zieht, sondern dadurch, dass das Pferd weiche Anlehnung am stellenden Zügel aufnimmt und eine weiche Einwirkung durch den unterstützenden äußeren Zügel akzeptiert. Beim Außengalopp ist der äußere Zügel auch der wendende Zügel.

Beim Außengalopp achte ich stets darauf, dass ich wirklich in der Mitte des Pferdes sitze. Auf der Seite, wo die Beine weiter vorgreifen, liegt mein Schenkel eng am Pferdebauch an und meine Hüfte ist auf der gleichen Seite ein wenig nach vorne geschoben, wobei auf dem dazugehörigen Gesäßknochen ein wenig mehr Gewicht liegt, so dass das Pferd im Außengalopp bleibt.

Erste Versuche im Außengalopp

Wenn ich den Außengalopp übe, verwende ich die im Folgenden beschriebenen Übungen. Ich fange mit den einfachsten Übungen an und gehe allmählich zu den Schwierigeren über, wenn das Pferd sich gut entwickelt. Wenn man das Pferd am Anfang überfordert und ihm Übungen abverlangt, die noch zu schwer sind, verliert es die Lust daran. Daraus können sich ernsthafte Probleme entwickeln, weil es einen lustlosen Galopp ohne Bergauf-Tendenz zeigen wird.

ÜBUNG 8

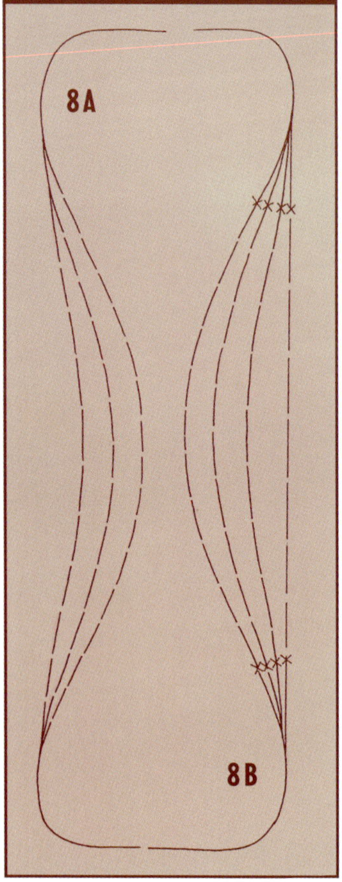

ÜBUNG 9

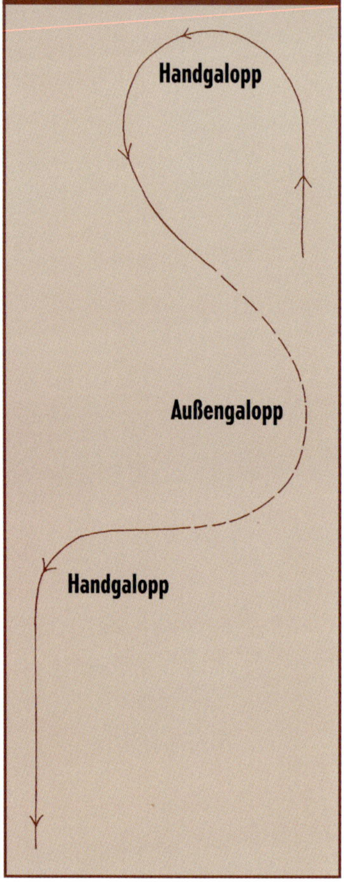

ÜBUNG 10

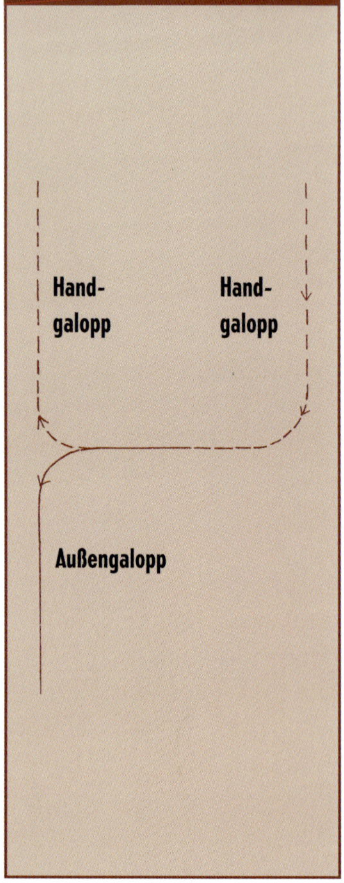

Übung 8 A: Um einem Pferd Außengalopp beizubringen, kann man so anfangen: Man reitet im Handgalopp durch die Ecke und fängt zu Beginn der langen Seite an, einen flachen Bogen nach innen zu reiten. Je tiefer der Bogen, desto mehr spürt man, dass man Außengalopp reitet, vor allem beim Zurückreiten zur langen Seite.

Übung 8 B: Um dem Pferd beizubringen, auf dem Hufschlag direkt im Außengalopp anzuspringen, benutzt man die folgende Übung: Zunächst reitet man den tiefsten Bogen und galoppiert beim ersten X im Außengalopp an. Beim nächsten X pariert man durch. Nun reitet man den Bogen immer flacher, bis man direkt auf der langen Seite angaloppieren kann.

Übung 9

Um im Außengalopp nicht durch zwei Ecken reiten zu müssen, was in diesem Stadium noch zu schwierig für das Pferd wäre, benutze ich diese Übung (beispielsweise im Linksgalopp): Ich reite eine halbe Volte und dann zurück zum Hufschlag und führe die Wendung nach rechts im Außengalopp aus. In der Wendung nach links befinde ich mich dann wieder im Handgalopp.

Übung 10

Ebenfalls im Außengalopp kann ich auch ein Quadrat reiten. Nachdem ich im Außengalopp durch die Bahn geritten bin, richte ich das Pferd gerade. Wenn es gut im Gleichgewicht bleibt, kann ich die nächste Wendung im Außengalopp reiten. Wenn es aus dem Gleichgewicht kommt, an Takt verliert oder steif wird, kann ich anders herum und damit im Handgalopp reiten.

ÜBUNG 11

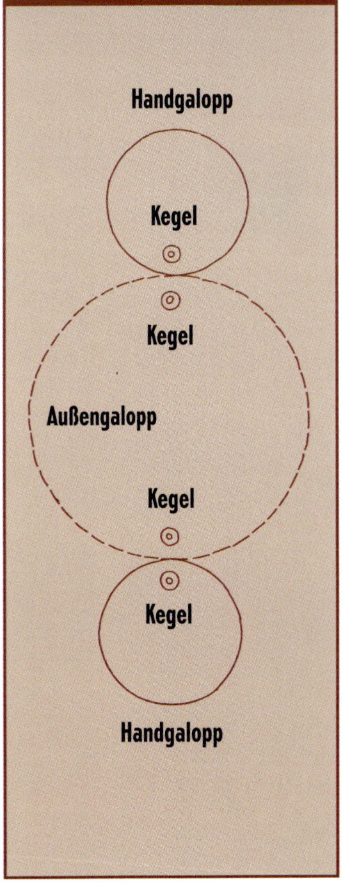

ÜBUNG 12

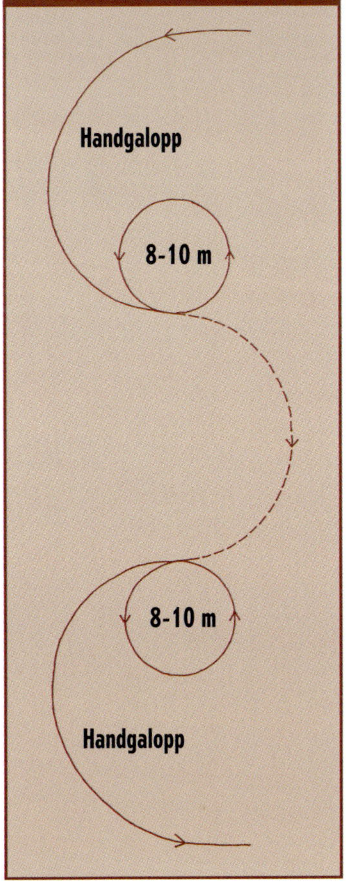

ÜBUNG 13

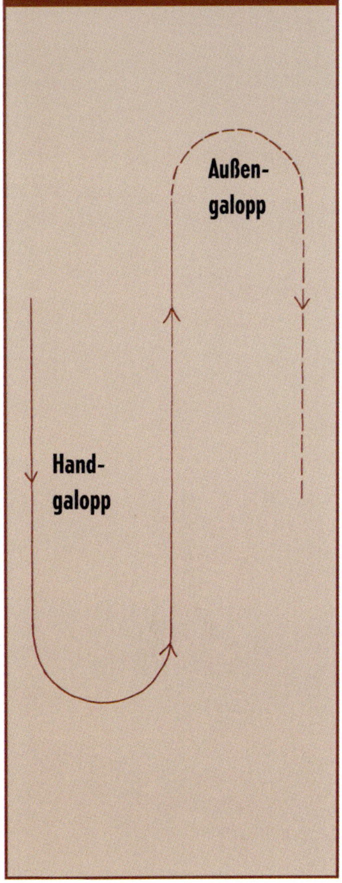

Übung 11
Sobald das Pferd sich an den Außengalopp gewöhnt hat, reite ich Außengalopp auf dem Zirkel und wechsle in den Handgalopp, indem ich auf der offenen Seite des Zirkels eine Volte reite, sobald ich das Gefühl habe, dass das Pferd den Außengalopp nicht mehr aufrecht erhalten kann. Mit dieser Übung kann man auch gut überprüfen, ob das Pferd sich wirklich auf der Linie bewegt, die der Reiter sich überlegt hat.

Übung 12
Als Vorbereitung für »Schlangenlinie durch die ganze Bahn, drei Bögen« reite ich vor jedem Bogen eine Volte im Handgalopp. Diese Volte verstärkt Versammlung und Gleichgewicht des Pferdes vor dem Bogen im Außengalopp. Beim Herausreiten aus diesem Bogen, der für weniger erfahrene Pferde schwierig ist, reite ich wieder eine Volte im Handgalopp, um Gleichgewicht und Losgelassenheit wieder herzustellen, bevor ich mit dem dritten Bogen im Handgalopp beende. Dies ist auch eine wirkungsvolle Übung für Pferde, die im Außengalopp die Schultern nach innen (auf der Abbildung nach rechts) drücken.

Übung 13
Ist das Pferd im Außengalopp sicherer geworden, beginne ich mit Übungen wie beispielsweise dem Richtungswechsel durch eine Volte. Nach einer halben Volte im Handgalopp auf die Mittellinie richte ich das Pferd völlig gerade. Wenn es korrekt ausbalanciert ist, kann ich die nächste Halbvolte im Außengalopp reiten.

Beim Reiten dieser Übungen versuche ich, das Pferd so weit an den Hilfen zu haben wie nur irgend möglich. Für den Erfolg ist die Einwirkung, die ich durch die Hilfen bekomme, unabdingbar. Ich benutze Kegel, damit meine Schüler sich auf das konzentrieren können, was sie erreichen wollen, und ihre Figuren genauer reiten können. Wenn man sich so auf die Details konzentriert, wird auch das Pferd aufmerksamer.

Meiner Erfahrung nach wird beim Außengalopp schnell deutlich, wenn ein Reiter Genauigkeit und die Details außer Acht lässt – wahrscheinlich ist das der Grund dafür, dass so viele Reiter Schwierigkeiten mit Lektionen im Außengalopp haben.

KAPITEL 9

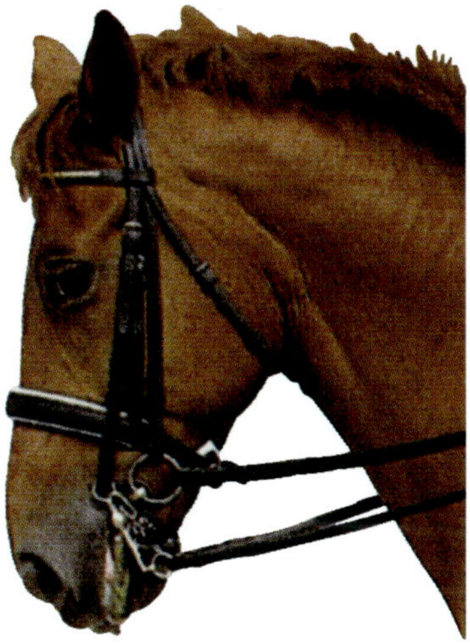

Fliegende Galoppwechsel

Bei einem fliegenden Wechsel springt das Pferd im Galopp vom Rechts- in den Linksgalopp oder umgekehrt, ohne dazwischen in den Trab oder den Schritt überzugehen. Die Vorübung dazu ist der einfache Galoppwechsel, der Bestandteil von Prüfungen für Junioren und junge Reiter auf internationaler Ebene und von weniger hochrangigen Prüfungen auf nationaler Ebene ist.

Einfacher Galoppwechsel

Bei einem einfachen Galoppwechsel wechselt das Pferd vom Galopp auf der einen Hand über einige (zwei bis fünf) Tritte im Schritt zum Galopp auf der anderen Hand. Das Pferd muss leicht versammelt sein, um eine guten Übergang vom Galopp direkt zum Schritt durchführen zu können, ohne dazwischen Trabtritte einzulegen. Bei den Tritten im Schritt zeigt sich, ob die Versammlung nur durch Verspannung erzeugt wurde oder nicht – sie müssen entspannt und taktrein durchgeführt werden. Der Übergang vom Galopp zum Schritt ist nicht einfach, weil das Pferd dabei in Körper und Hals völlig gerade bleiben und weiche Anlehnung am Zügel behalten sollte. Außerdem muss es im Schritt versammelt bleiben, damit es nach ein paar Tritten wieder sauber angaloppieren kann.

Erste Erfahrungen mit dem einfachen Galoppwechsel

Einfache Galoppwechsel übe ich zuerst auf einem Zirkel im Handgalopp. Ich reite Schritt-Galopp-Schritt-Übergänge, bleibe dabei

ÜBUNG 14

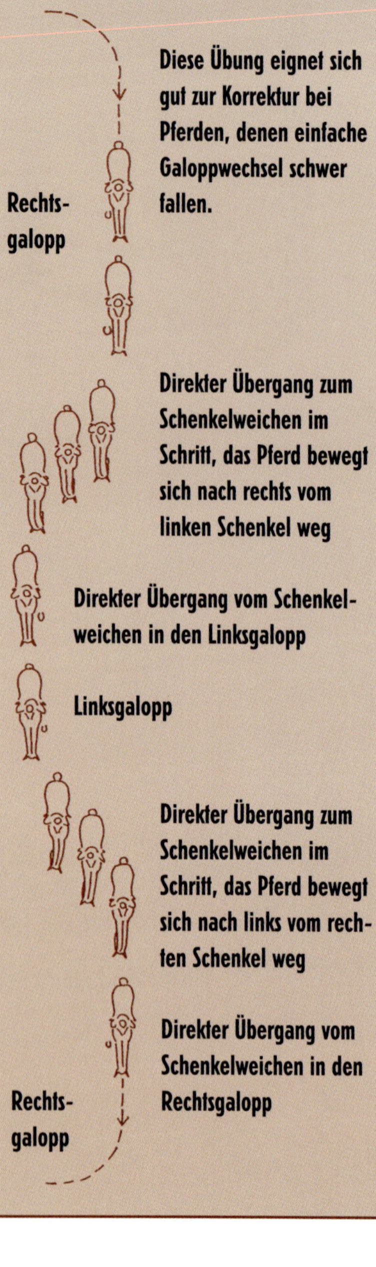

immer im selben Galopp und versuche, keine Trabtritte zuzulassen. Die Schrittreprisen halte ich lang genug, dass das Pferd entspannt ist, wenn ich wieder angaloppieren will. Sobald das auf beiden Händen gut klappt, reite ich auf einer langen geraden Linie, beispielsweise der Mittellinie. Auf einer geraden Linie gibt es kein offensichtliches Innen oder Außen, und ich habe genug Platz, um das Pferd vor dem nächsten Angaloppieren im Schritt entspannen zu lassen. Nun fange ich an, bei jedem Angaloppieren den Galopp zu wechseln. Sobald ich dazu nur noch einige Tritte im Schritt zu reiten brauche, fange ich an, das Angaloppieren an einem Punkt zu üben, an dem es auch in Prüfungen oft verlangt wird, beispielsweise bei einem Wechsel durch die Bahn im rechten Winkel, wo der Galoppwechsel auf der Mittellinie stattfinden soll.

Häufige Probleme beim einfachen Galoppwechsel

Wenn das Pferd dazu neigt, beim Angaloppieren oder beim Durchparieren zum Schritt mit der Hinterhand auszubrechen oder sich zu verspannen und mit beiden Hinterbeinen gleichzeitig durchzuspringen, kombiniere ich den Übergang mit einem Schenkelweichen im Schritt. Ich reite also beispielsweise Rechtsgalopp, pariere zum Schritt durch und reite bereits den ersten Tritt des Schritts als Schenkelweichen nach rechts, bei dem das Pferd dem linken Schenkel weicht. Dann galoppiere ich direkt aus dem Schenkelweichen im Linksgalopp an Diese Übung eignet sich auch ausgezeichnet für Pferde, die gerne falsch angaloppieren. Wenn sich das Pferd im Schritt verspannt oder den Galopp vorwegnimmt, ohne auf meine Hilfe zu warten, reite ich so lange im Schritt weiter, bis es sich entspannt.

Fliegender Galoppwechsel

Wenn die einfachen Galoppwechsel sicher sitzen, können Sie mit den fliegenden Wechseln anfangen – im Folgenden werden sie einfach als Wechsel bezeichnet. Um einen guten Wechsel zu reiten, muss der Reiter in der Lage sein, seine Hilfen ganz gezielt in genau dem Augenblick einzusetzen, in dem es dem Pferd möglich ist, einen Wechsel zu springen.

Wie gut ein Wechsel gelingt, hängt zum großen Teil davon ab, wie gut der Reiter seine Hilfengebung koordinieren kann. Weil beim Wechsel so viel reiterliches Gefühl beteiligt ist, ist es schwierig, die Hilfengebung mit Worten zu beschreiben, aber ich werde mein Bestes tun.

Balanceakt

Ein frei laufendes Pferd wird den Galopp wechseln, wenn es sich in einer Wendung ins Gleichgewicht bringen will. Oft springt es dazu einen fliegenden Galoppwechsel. Diese natürliche Bewegung will man sich als Reiter zu Nutze machen, wenn man dem Pferd beibringt, auf das Signal des Reiters hin den Galopp zu wechseln. Am einfachsten bringt man dazu das Pferd in eine Situation, in der es nicht ganz im Gleichgewicht ist, so dass es von selbst einen Galoppwechsel versuchen wird, um sich wieder auszubalancieren.

Die Mechanik des fliegenden Galoppwechsels

Ehe ich die Hilfen für den Wechsel erörtere, ist es wichtig, die Mechanik der Bewegung zu verstehen.

Fliegender Galoppwechsel aus dem Rechtsgalopp in den Linksgalopp.

Befindet sich das Pferd im Rechtsgalopp, ist das erste Bein, das nach der Schwebephase (1) den Boden berührt, das linke Hinterbein. Der Wechsel findet unmittelbar vor und während der Schwebephase statt (5 und 6). Anstatt das linke Hinterbein auf den Boden zu setzen, stützt das Pferd sich nur auf das rechte Vorderbein, springt mit den Hinterbeinen um und setzt nun zuerst das rechte Hinterbein auf den Boden (7). Als Ergebnis befindet es sich nun im Linksgalopp und die anderen Beine folgen in der entsprechenden Reihenfolge: linkes Hinterbein und rechtes Vorderbein gleichzeitig, gefolgt vom linken Vorderbein.

Wie gut der Wechsel wird, hängt in hohem Maße davon ab, wie gut der Galopp ist. Zu einem korrekten Wechsel gehören viele Teilaspekte. Ein guter Wechsel sollte sauber gesprungen werden, so dass die Vorderbeine in der gleichen Trittphase wechseln wie die Hinterbeine. Außerdem muss er (von vorne oder von hinten gesehen) gerade sein, es sollte also weder die Vorhand noch die Hinterhand zur Seite geführt werden. Der Reiter kann das überprüfen, indem er auf einen Spiegel zureitet. Von der Seite gesehen, sollte der Wechsel den Eindruck vermitteln, bergauf geritten zu werden – die Hinterbeine sollen weit unter den Körper treten und das Pferd sollte nicht auf die Vorhand kommen. Außerdem muss das Pferd vor und nach

Diese Aufnahmen zeigen Midt-West Ibi-Light genau in dem Augenblick, in dem er in der Luft mit den Hinterbeinen umspringt, um vom Rechtsgalopp mit einem fliegenden Wechsel in den Linksgalopp zu wechseln.

dem Wechsel Takt und Tempo beibehalten. Es ist ganz offensichtlich ein Fehler, wenn ein Pferd während des Wechsels mit der Hinterhand hochspringt, mit dem Hals abtaucht oder den Kopf hochwirft.

Die Hilfen für den fliegenden Wechsel

Wenn ein unerfahrener Reiter den fliegenden Wechsel erlernt, sollte er das am besten auf einem erfahrenen Pferd tun, das auf leichte Hilfen hin mühelos umspringt. Dann muss der Reiter sich nur darum kümmern, die Technik zu meistern und den richtigen Zeitpunkt für die Hilfengebung zu finden. Am einfachsten ist es für den Reiter, wenn er den Wechsel als eine Aneinanderreihung von drei Galoppsprüngen lernt. Im Ersten führt der Reiter eine halbe Parade aus, damit das Pferd ins Gleichgewicht kommt und merkt, dass jetzt gleich etwas geschehen wird. Im zweiten Sprung verändert der Reiter die Lage seiner Schenkel, und beim Dritten gibt er dem Pferd die Hilfe zum Umspringen. Der Reiter sollte den Wechsel nicht, wie man es oft sehen kann, während des zweiten Sprungs fordern, während er noch seine Schenkellage verändert. Dieser Fehler bewirkt entweder zu kleine oder kurz gesprungene Galoppwechsel, weil das Pferd überrascht wurde, oder er führt – schlimmer noch – zu »nachgesprungenen« Wechseln, bei denen die Hinterhand um einen Sprung hinterher hinkt, weil das Pferd nur noch mit den Vorderbeinen reagieren konnte.

Im Folgenden beschreibe ich die Hilfen für einen Wechsel vom Rechts- zum Linksgalopp. Im ersten Sprung wird das Pferd mit einer halben Parade ins Gleichgewicht gebracht. Der Reiter hält das Pferd mit dem linken Zügel gerade und korrigiert damit bei Bedarf die Geraderichtung, indem er das Pferd leicht nach außen stellt. So wird verhindert, dass die Schultern nach links und die Hinterhand nach rechts ausfallen. Im zweiten Sprung wird der rechte Schenkel leicht zurückgelegt, um das Pferd darauf aufmerksam zu machen, dass gleich ein Wechsel kommt. Im dritten Sprung gibt der rechte Schenkel die Hilfe zum Wechseln.

Im gleichen Augenblick, in dem der rechte Schenkel zurückgenommen wird, wird der linke Schenkel etwas nach vorne an seine normale Position am Gurt gelegt. Er erhält die Vorwärtstendenz des Pferdes und hält die Hinterhand gerade. Der linke Schenkel darf nicht zu weit nach vorne gelegt werden, sonst verliert er an Wirkung. Das Gewicht des Reiters, das etwas mehr auf dem inneren (rechten) Gesäßknochen liegt, sollte nicht verlagert werden, bis der Wechsel vollständig durchgesprungen wurde, muss dann allerdings sofort nach links verschoben werden. Der Grund dafür ist, dass das Pferd Platz braucht, um das neue innere Hinterbein gut unter den Körper zu setzen, und dass die neue innere Schulter Bewegungsfreiheit braucht, damit das Vorderbein ausdrucksvoll vorgreifen kann. In dem Augenblick, in dem der Wechsel gesprungen wird, muss der Reiter am linken – dem neuen inneren – Zügel nachgeben. Würde er jetzt mit dem linken Zügel begrenzen, würde er das Vorgreifen des Vorderbeins einschränken. Um am linken Zügel nachgeben zu können, muss der Reiter mit dem rechten Zügel die Verbindung zum Pferdemaul halten und bei Bedarf diesen Zügel zum Verlangsamen einsetzen. Der rechte Zügel – der zum neuen äußeren Zügel geworden ist – ermöglicht dem Reiter sofort die Kontrolle über das Tempo des Pferdes und gibt ihm die Chance, das Pferd vor dem nächsten Wechsel gerade zu halten.

Fliegender Galoppwechsel vom Rechtsgalopp zum Linksgalopp

Bei einem Wechsel sollten immer drei Galoppsprünge abgezählt werden:

1. Vorbereitung (halbe Parade)
2. Bewegung (der Schenkel)
3. Wechsel (durch Einsatz der Schenkel).

Erster Sprung: Das Pferd wird mittels einer halben Parade vorbereitet, so dass Sie sicher sein können, dass es auf Schenkel und Zügel achtet. In diesem Augenblick muss das Pferd wissen, dass gleich etwas passiert.

Zweiter Sprung: Mitten in diesem Sprung (damit das Pferd nicht bereits in diesem Sprung umspringt) verlagern Sie den rechten Schenkel eine Kleinigkeit nach hinten. Gleichzeitig bewegt der linke Schenkel sich an seine normale Position am Gurt. Denken Sie daran, dass das Pferd nicht besser wechselt, wenn man die Schenkel weiter verschiebt. Der linke Zügel hält das Pferd gerade.

Dritter Sprung: Mit dem rechten Schenkel geben Sie die Hilfe für den Wechsel. Den rechten Zügel setzen Sie so ein so, dass das Pferd Takt und Tempo beibehält. Geben Sie am linken Zügel nach und unterstützen Sie die Vorwärtsbewegung mit dem linken Schenkel, falls es nötig ist. Das Körpergewicht bleibt rechts, bis das Pferd den Wechsel vollendet hat, und wird erst dann nach links verlagert.

Häufige Fehler beim fliegenden Galoppwechsel

Unter keinen Umständen sollten Sie den Pferdehals während des Wechsels in die neue Richtung stellen oder biegen. Dadurch bekommen Sie nur klein gesprungene, schiefe oder nachgesprungene Wechsel.

Achten Sie sorgfältig darauf, den Schenkel nicht zu weit nach hinten zu bewegen, wenn Sie einen Wechsel reiten – ein paar Zentimeter reichen völlig aus. Wenn der Schenkel zu weit verlegt wird, kann das bei den Serienwechseln zu Problemen führen, vor allem bei Einer-Wechseln, bei denen keine Zeit für großräumige Schenkelbewegungen bleibt. Wenn Sie die Schenkel zu stark verlagern, kommt es außerdem zu dem nachteiligen Effekt, dass eine weite Rückwärtsverlagerung des einen Schenkels gerne den anderen Schenkel zu weit nach vorne zieht. Das führt zu einer Kettenreaktion, bei der die Gesäßknochen sich bewegen, das Becken sich verdreht und der Reiter aus dem Gleichgewicht kommt.

Verschiedene Schulen

Leider gibt es auch heutzutage noch einige Spitzenreiter, die für die Wechsel unnötig großräumige und starke Hilfen einsetzen. Früher sah man dies bei deutschen Reitern recht häufig, wahrscheinlich, weil sie schwerere und weniger sensible Pferde ritten. Russische Reiter mit ihren sensibleren Vollbluttypen führen ihre Wechsel normalerweise mit fast unsichtbaren Hilfen durch. Der unterschiedliche Stil ist vielleicht auch dadurch zu erklären, dass in der »deutschen Schule« die Schenkelhilfe so gegeben wird, dass der Schenkel praktisch am Pferdebauch entlang gleitet, während die »russische Schule« das Pferd mit dem Schenkel »antippt«. Diese beiden Schulen haben außerdem unterschiedliche Idealbilder für einen fliegenden Wechsel. Die Russen ziehen es vor, von der Seite betrachtet keine Veränderung in der Körperhaltung des Pferdes festzustellen, während die Westeuropäer während des Wechsels eine Bergauf-Tendenz mit deutlicher Vorwärts-Aufwärts-Bewegung sehen wollen.

Fliegende Galoppwechsel mit unerfahrenen Pferden

Bevor ich anfangen kann, einem Pferd fliegende Wechsel beizubringen, muss es sensibel und gehorsam an den Schenkelhilfen stehen. Ich übe mit ihm, dass es sich von meinem Schenkel

Kyra und Dakar bei einem fliegenden Wechsel.

wegbewegen muss, indem ich nach beiden Seiten Traversalen mit ganz geringer Abstellung reite. Diese Übung gibt mir die Möglichkeit, das Pferdegewicht auf das inneres Beinpaar zu verlagern. Wenn man vor dem Wechsel etwas mehr Gewicht auf das inneren Beinpaar bringt, kann das Pferd diese Beine besser als »Stütze« für den Wechsel nutzen; außerdem hat dadurch das äußere Beinpaar mehr Bewegungsfreiheit und kann so leichter in den neuen Galopp vorgreifen.

Viele Reiter bringen dem Pferd die Wechsel am liebsten auf einer diagonalen Linie bei, oder wenn sie nach einem halben Zirkel wieder auf die lange Seite zukommen. Wenn das Pferd sich der langen Seite nähert, kommt es ganz von selbst auf die Idee, einen Wechsel zu springen, weil es mit einem Handwechsel rechnet. Meiner Erfahrung nach ist dieses Vorgehen gefährlich, weil die Reiter beim Erreichen der langen Seite auch dann einen Wechsel versuchen, wenn die das Gefühl haben, dass das Pferd verspannt und nicht richtig vorbereitet ist. In einem solchen Falle klappt der Wechsel normalerweise nicht und wird das nächste Mal noch schwieriger.

Am Anfang macht es mir nichts aus, wenn das Pferd die Wechsel vorwegnimmt, solange es keine Angst vor ihnen bekommt. Es ist nicht korrekt, wenn das Pferd die Wechsel von allein springt, doch Sie sollten es dafür nicht bestrafen; parieren Sie stattdessen zum Schritt durch und galoppieren dann erneut an.

Ich lehre die Wechsel am liebsten auf einem Zirkel, den ich im Außengalopp anfange, um dann in den Handgalopp zu wechseln. So kann ich mit dem Wechseln so lange warten, bis ich das Gefühl habe, dass das Pferd ganz ruhig und bereit ist. Will das Pferd nach dem Wechsel zulegen oder durchstarten, kann ich auf dem Zirkel bleiben, bis es sich wieder beruhigt. Auf dieser Linie ist es auch ziemlich einfach, das Pferd vor dem Wechsel gerade zu halten. Wenn ich beispielsweise auf einem Zirkel auf der linken Hand Rechtsgalopp reite und das Pferd über die linke Schulter ausfallen will, kann ich es als Gegenbewegung leicht nach links stellen und es gleichzeitig dazu bringen, meinen linken Schenkel besser zu akzeptieren, ohne zu riskieren, dass es den Wechsel unaufgefordert springt. Wenn ich spüre, dass das Pferd seine Vorwärtstendenz verliert, kann ich es mit dem linken Schenkel antreiben und gleichzeitig die Bewegung mit dem linken Zügel einfangen. Ich kann meinen linken Schenkel sogar dazu benutzen, die Hinterhand auf einen größeren Zirkel zu bewegen, um so das Gewicht des Pferdes auf dem rechten Vorderbein und dem rechten Hinterbein zu konzentrieren, dabei muss ich jedoch sorgfältig darauf achten, mein Gewicht nicht nach links zu verlagern.

Wenn ich so arbeite, versuche ich, den rechten Schenkel nur ganz leicht einzusetzen. Der rechte Schenkel ist derjenige, den ich benutzen werde, um das Pferd zum Wechseln aufzufordern, und wenn ich mit diesem Schenkel bereits fest zudrücken musste, um den Galopp zu erhalten, reagiert das Pferd weniger sensibel auf ihn, so dass zum Wechseln eine stärkere Hilfe nötig wird. Kann ein Pferd im Außengalopp versammelt und in aller Ruhe gehen, ist ein erfolgreicher Galoppwechsel normalerweise kein Problem. In dem Augenblick, in dem der Reiter mit dem rechten Schenkel zum Umspringen auffordert, hält der rechte Zügel das Pferd vom Zulegen ab, während der linke Zügel nachgibt, um dem linken Beinpaar genügend Raum für die Vorwärtsbewegung zu lassen.

Wenn Sie sich nicht sicher sind, ob das Pferd auf die Schenkelhilfe reagieren und den Wechsel ausführen wird, können Sie eine Gerte benutzen, die Sie in diesem Beispiel in der rechten Hand halten. In dem Augenblick, in dem Sie die Schenkelhilfe für den Wechsel geben, können Sie das Pferd mit der Gerte an der rechten Hüfte berühren. Der Zweck dieser Berührung mit der Gerte liegt darin, dass das Pferd schneller reagieren und von der Gerte wegspringen soll. Reagiert das Pferd vor dem Wechsel nicht auf den vorwärts treibenden linken Schenkel, können Sie die Gerte auch in der linken Hand benutzen, um es zu aktivieren; Sie dürfen sie dann allerdings nicht als Unterstützung beim Wechseln einsetzen.

Konzentrieren Sie sich nicht ausschließlich auf die Vorhand des Pferdes. Viele Reiter versuchen, die Pferdeschultern zur Seite zu werfen und vergessen dabei, dass der fliegende Wechsel von der Hinterhand ausgeht.

Wenn ich anfange, die Wechsel zu üben, mache ich mir keine Gedanken darüber, ob das Pferd am Zügel steht. Mein Hauptziel besteht darin, dass es die Wechsel lernt. Wenn es die Technik beherrscht und umspringen kann, ohne sich zu verspannen, stellt sich normalerweise auch wieder die richtige Selbsthaltung ein. Vielen Pferden fällt es leichter, mehr Gewicht auf die Hinterhand zu übernehmen, wenn man ihnen erlaubt, den Kopf zu heben und den Hals etwas länger zu machen. Versucht der Reiter, vor und während des Wechsels den Kopf nach unten zu zwingen, braucht er oft zu viel Schenkelkraft. Dadurch zieht er das Pferd zusammen, und das Resultat sind verspannte Wechsel. Die Lernphase kann manchmal frustrierend sein. Nicht aufgeben – oft ist es nur eine Frage der Wiederholung, bis das Pferd die Wechsel lernt.

Serienwechsel

Hat das Pferd gelernt, auf beiden Händen einfache fliegende Galoppwechsel sicher und auf leichte Hilfen hin auszuführen, kann ich es mit den Serienwechseln versuchen. Allerdings gibt es da einige wichtige Dinge, die ich überprüfen muss, bevor ich damit anfange.

Ich frage mich immer: »Kann ich überall in der Bahn, sowohl auf dem Zirkel als auch auf geraden Linien, einen Wechsel vom Außengalopp zum Handgalopp ausführen?« Wenn ich Galoppwechsel auf einer geraden Linie übe, muss ich vorher *genau* festlegen, wo ich wechseln will. Wenn das klappt, fange ich mit den Serienwechseln an.

Mitzählen bei Serienwechseln

Auf Turnieren wird eine bestimmte Anzahl an Wechseln bei jedem vierten, dritten oder zweiten oder auch bei jedem einzelnen Galoppsprung verlangt. Beim Prix St. Georges zum Beispiel muss der Reiter fünf Viererwechsel zeigen (er muss also bei jedem vierten Galoppsprung wechseln, und das fünf Mal). Der Wechsel selbst wird als ein Galoppsprung gezählt.

Der Reiter muss lernen, die korrekte Anzahl der Sprünge zwischen zwei Wechseln mitzuzählen. Außerdem muss er lernen, die Anzahl der Wechsel zu zählen, die er bereits ausgeführt hat. Für dieses Zählen gibt es verschiedene Möglichkeiten. Wenn man fünf Dreierwechsel machen will, kann man beispielsweise folgendermaßen zählen und die Wechsel jeweils auf »drei« ausführen:

- **Eins,** zwei, drei *(erster Wechsel)*
- **Zwei,** zwei, drei *(zweiter Wechsel)*
- **Drei,** zwei, drei *(dritter Wechsel)*
- **Vier,** zwei, drei *(vierter Wechsel)*
- **Fünf,** zwei, drei *(fünfter Wechsel)*

So zählt man sowohl die Anzahl der bereits ausgeführten Wechsel als auch die Anzahl der Galoppsprünge zwischen den Wechseln.

Ich persönlich reite nie einen Wechsel, ohne im Geiste bis drei zu zählen, selbst bei Einerwechseln. Das ist eine gute Vorbereitung auf den Wechsel und außerdem ein System, das ich auch für die Serienwechsel benutzen kann. Vor dem ersten Wechsel zähle ich immer meine drei Schritte:

1. Vorbereitung
2. Bewegen (der Schenkel)
3. Wechsel, selbst wenn es um Zweier- oder Einerwechsel geht.

Will ich Zweierwechsel reiten, wird das Ganze schwieriger, weil ich dann zwischen den Wechseln keine drei Sprünge mehr zählen kann und Phase 1 meiner Abfolge auslassen muss. Also bereite ich mich vor wie immer und zähle folgendermaßen:

- **Eins,** zwei, drei *(erster Wechsel)*
- **Zwei,** drei *(zweiter Wechsel)*
- **Drei,** drei *(dritter Wechsel)*
- **Vier,** drei *(vierter Wechsel)*
- **Fünf,** drei *(fünfter Wechsel)*, und so weiter.

Dieses System klappt bei mir gut, aber ich weiß, dass es viele andere Möglichkeiten gibt. Wichtig ist, dass man sowohl die Anzahl der Galoppsprünge zwischen den Wechseln als auch die geforderte Anzahl der Wechsel zählen kann – mit welchem System auch immer.

Häufige Probleme bei Serienwechseln

Fängt das Pferd bei den Serienwechseln an, schief zu gehen, sollten Sie zunächst wieder einfache Wechsel üben. Wenn die einfachen Wechsel gerade gelingen, können Sie wieder mit den Serienwechseln anfangen. Es ist nützlich, beim Üben sowohl von einfachen als auch von Serienwechseln auf einen Spiegel zuzureiten. So können Sie deutlich sehen, was das Pferd tut und einen Fehler leichter korrigieren, vor allem, wenn das Pferd dazu neigt, schief zu gehen.

Vergessen Sie nicht, vor und nach dem Wechsel einen sauberen Galopp zu reiten. Schiefe Wechsel werden oft besser, wenn dazwischen weniger Galoppsprünge eingelegt werden. Das liegt daran, dass der Reiter dann seine Beine besser am Platz hält, weil er weniger Zeit hat, sie zu bewegen, wenn die Wechsel im kürzeren Abstand kommen. Der ruhigere Schenkel erleichtert es dem Reiter, die allgemeine Qualität des Galopps zu erhalten.

Orientierungshilfen bei den Serienwechseln

In Dressurprüfungen werden die Serienwechsel auf der Diagonalen geritten – hauptsächlich deswegen, weil so die Richter die Wechsel am deutlichsten sehen können. Ich bringe meinen Schülern von Anfang an bei, den mittleren Wechsel einer Reihe von Wechseln auf den Punkt X zu legen; bei einer Serie von fünf Wechseln sollte also der Dritte bei X stattfinden.

Einerwechsel

Die schwierigsten Serienwechsel sind die Einerwechsel. Wenn ich anfange, Einerwechsel zu üben, arbeite ich nicht auf der Diagonalen, sondern lieber auf dem zweiten oder dritten Hufschlag auf der langen Seite. Würde ich den ersten Hufschlag benutzen, so könnte das Pferd dazu neigen, sich an die Bande oder den Zaun »anzulehnen«.

Bevor ich einem Pferd die Einerwechsel beibringe, muss ich mich vergewissern, dass ihm die einfachen fliegenden Wechsel sowohl vom Außengalopp in den Handgalopp als auch vom Handgalopp in den Außengalopp gleichermaßen leicht fallen. Der nächste Schritt besteht dann darin, in den Außengalopp und sofort wieder in den Handgalopp zu wechseln. Danach galoppiere ich ruhig weiter, bis das Pferd entspannt geht. Diese Übung mache ich auf beiden Händen. Wenn das Pferd sich nach diesen beiden Wechseln aufregt oder versucht, durchzugehen, pariere ich sofort zum Schritt durch, lasse es am langen Zügel gehen und lobe es. Wenn es wieder ruhig ist, setze ich die Übung fort. Ich wiederhole das Durchparieren zum Schritt, bis das Pferd die beiden Wechsel völlig gelassen ausführt.

Wenn das Pferd die Abfolge Außengalopp-Handgalopp sicher gehen kann, drehe ich die Reihenfolge um. Ich beginne im Außengalopp, wechsle in den Handgalopp und sofort wieder zurück in den Außengalopp.

Bewältigt das Pferd dies problemlos, baue ich das Ganze zu einer Serie von drei Wechseln aus – vom Außengalopp in den Handgalopp, wieder in den Außengalopp und zurück in den Handgalopp. Ich verwende diese Reihenfolge, weil es dem Pferd normalerweise schwerer fällt, in den Außengalopp zu wechseln und diese Reihenfolge nur einen »schwierigen« und zwei »leichte« Wechsel enthält. Der nächste Schritt besteht dann darin, diese Abfolge im Handgalopp zu beginnen, was schwieriger ist: zwei »schwierige« und ein »leichter« Wechsel. Nun kann ich die Anzahl der Wechsel allmählich steigern, fange dabei aber immer mit der einfacheren Variante an – also mit einer größeren Anzahl von Wechseln in den Handgalopp. Wenn das Pferd sieben oder acht Einerwechsel springen kann, ist es schon ziemlich weit gekommen.

Versuchen Sie niemals, so viele Einerwechsel wie möglich hintereinander zu reiten. Das Ergebnis wird immer sein, dass das Pferd einen Fehler macht und bald lernt, dass es nicht mehr weitermachen muss, wenn es einmal gepatzt hat. Wenn Sie

Hilfengebung für die Einerwechsel

Die Hilfen für die Einerwechsel sind eine ganz eigene Sache. Sie können nicht abwarten, ob das Pferd auf die Hilfen für den ersten Wechsel reagiert hat, um dann erst die Hilfen für den zweiten Wechsel zu geben; dann kämen die Hilfen für den zweiten Wechsel zu spät. Sie müssen darauf vertrauen, dass das Pferd den ersten Wechsel springen wird, um die Hilfen für den zweiten Wechsel schnell genug geben zu können. Dasselbe gilt für den Dritten und alle folgenden Wechsel. Mit etwas Übung werden Sie den Rhythmus für die Einerwechsel finden, so dass sie gleichmäßig aufeinander folgen.

immer schon vor dem Reiten der Wechsel entscheiden, wie viele Wechsel Sie reiten wollen, lernen Sie außerdem, sie zu zählen, und merken auch, ob Ihr Pferd rittig und gehorsam ist.

Bei den Einerwechseln geht es hauptsächlich darum, dass der Reiter Vertrauen in sein Pferd hat – und umgekehrt. *Niemals* darf man ein Pferd dafür bestrafen, wenn es bei Einerwechseln einen Fehler macht. Es ist unmöglich, ein Pferd dazu zu zwingen, diese Lektion auszuführen. Mehr als jede andere Lektion sind gerade die Einerwechsel der Beweis für Rittigkeit und Gehorsam eines Pferdes und für das gegenseitige Vertrauen zwischen Pferd und Reiter.

KAPITEL 10

Verbessern von Gängen, Rahmen, Beizäumung und Versammlung

Die Züchter bringen heute jede Menge Pferde mit wunderbaren Bewegungen hervor. Leider verschlechtern diese ausdrucksvollen Gänge sich oft, wenn das Pferd weiter ausgebildet wird. Ich glaube, dass selbst die spektakulärsten Gänge durch richtige Dressurarbeit erhalten und sogar noch verbessert werden können. Durch korrekte Arbeit wird das Pferd nicht nur schöner und harmonischer, sondern auch stärker, und es kommt besser ins Gleichgewicht. In dem Maße, wie das Pferd stärkere Muskeln entwickelt, belastet es seine Sehnen und Gelenke weniger, so dass es ihm leichter fällt, das Gewicht des Reiters zu tragen und sich dabei so geschmeidig und reibungslos zu bewegen, wie es das ohne Reiter täte.

Ich setze bei der reiterlichen Arbeit zwei Schwerpunkte:

1. Gänge und Rahmen (Selbsthaltung) des Pferdes
2. Erlernen und Ausführung der eigentlichen Lektionen.

Es kommt sehr häufig vor, dass ein Fehler bei einer Lektion seine Ursache in einer fehlerhaften Grundgangart oder Haltung des Pferdes hat. Führt mein Pferd eine Lektion nicht genau so aus, wie ich es will, frage ich mich: »Was ist die Ursache für dieses Problem?« »Weicht das Pferd nach rechts oder links ab?« »Steht es am Zügel?« »Läuft es vor mir weg, oder geht es nicht vorwärts?« Sobald ich die Ursache des Problems ausfindig gemacht habe, konzentriere ich mich darauf, eine Lösung zu finden, bevor ich mich wieder der Lektion zuwende.

Eines ist sicher: Wenn ein Pferd oder ein Reiter einen grundlegenden Fehler macht, wenn beispielsweise das Pferd eine schwächere Seite hat, über eine Schulter ausfällt oder sich gegen einen Schenkel sperrt, oder wenn der Reiter schief sitzt, dann wird dieses Problem immer deutlicher zu Tage treten, je weiter man in den Lektionen fortschreitet. Grundlegende Probleme müssen im Frühstadium angepackt werden.

Rahmen und Haltung des Pferdes

Idealerweise sollte das Pferd so gehen, dass das Genick den höchsten Punkt darstellt und die Nasenlinie ein wenig vor der Senkrechten, in höchster Versammlung auch genau in der Senkrechten verläuft. Das ist mein Ziel. Ist das für ein Pferd in der Ausbildung jedoch zu schwierig, erlaube ich ihm, die Nase etwas vor oder hinter die Senkrechte zu nehmen, wenn es das problemlos und entspannt tun kann. Das ist mir lieber, als von einem Pferd zu verlangen, dass es Kopf und Hals ständig genau in der korrekten Haltung trägt und dadurch verspannt und widersetzlich wird.

»Checkliste«

Wenn ich bemerke, dass eine Gangart schlechter wird oder Rahmen und Beizäumung nicht konstant gehalten werden, stelle ich mir folgende Fragen:

- Stimmt das Tempo?
- Trägt das Pferd den Hals zu hoch oder zu tief?
- Ist der Hals zu frei oder zu stark verkürzt?

Diese Liste hake ich ab und identifiziere so die wahre Ursache für das Problem, so dass ich entscheiden kann, welche Maßnahmen ich zur Korrektur ergreifen muss.

Tempo, Aufrichtung und die Länge des Halses stehen in einem feinen Gleichgewicht zueinander, das man ständig aufrecht erhalten muss, wenn man optimale Leistungen erzielen will.

Richtige Haltung – falsche Haltung?

Heutzutage wird viel über das Reiten mit lang und tief getragenem Hals geredet. Meiner Ansicht nach gibt es »die Haltung«, die immer und absolut für die tägliche Arbeit oder das Erlernen neuer Lektionen korrekt ist, nicht. Prinzipiell wählt der Reiter die Haltung, die für eine bestimmte Situation am besten geeignet ist – der Reiter legt also Rahmen und Haltung fest. Vielen Pferden fällt es sehr schwer, in der tiefen Dehnungshaltung zu arbeiten. Bei anderen kann man den Stress während des Lernvorgangs verringern, wenn man ihnen die Freiheit gibt, den Hals etwas länger und den Kopf vielleicht sogar hinter der Senkrechten zu tragen.

Wenn Sie ein Pferd mit lang und tief getragenem Hals arbeiten wollen, müssen Sie in der Lage sein, zu kontrollieren, ob das Pferd die Nase etwas hinter der Senkrechten trägt oder ob der Winkel an den Ganaschen etwas offener ist, so dass die Nase vor die Senkrechte kommt. Wirklich wichtig ist die Anlehnung, die der Reiter mit dem Pferd hält, und seine Fähigkeit, bei unterschiedlichem Rahmen mit unterschiedlich starker Anlehnung zu arbeiten.

Unterordnung und Vertrauen

Sie sollten unbedingt daran denken, dass ein Pferd, das korrekt und ehrlich am Zügel steht, sehr verwundbar ist. Es hat sich ergeben wie ein Welpe, der auf dem Rücken liegt. In dieser Haltung kann es sich nicht wehren, und Sie müssen es daher fair behandeln. Wenn ein Reiter Lektionen fordert, die zu schwierig sind, oder wenn er das Pferd bestraft, wenn es sich korrekt anbietet, wird das Pferd das nächste Mal zögern, sich wieder willig anzubieten. Das Pferd wird seine schlechte Erfahrung mit der Tatsache in Verbindung bringen, dass es sich den Hilfen des Reiters untergeordnet hat – und sobald ein Pferd korrekt am Zügel steht, kann es sich nicht so gut wehren, als wenn es über dem Zügel geht. Der Mensch wollte schon immer, dass sein Pferd sich unter ihm in stolzer Haltung mit aufgewölbtem Hals und senkrecht gehaltener Nase präsentiert, weil das Pferd in dieser Haltung vom Reiter vollständig kontrolliert werden kann. Wenn das Pferd über dem Zügel geht, kann es sich schützen, weil es in dieser Stellung noch einige Dinge selbst bestimmen kann. Viele Pferde, die schlecht behandelt worden sind, sind verständlicherweise sehr zurückhaltend damit, sich freiwillig unterzuordnen und sich damit Unannehmlichkeiten oder eine schlechte Behandlung gefallen zu lassen. Man darf nicht vergessen, dass Pferde Fluchttiere sind. Vor einer beängstigenden oder unangenehmen Situation laufen sie weg. Wird ein Pferd von einer harten oder starren Hand (oft durch diverse Hilfszügel unterstützt) festgehalten oder zusammengeschnürt, versucht es zunächst, zu kämpfen – wenn dies jedoch vergeblich ist, gibt es oft einfach auf und schaltet ab.

Verbesserung der Gänge

Trab

Der Trab ist von allen Gangarten am leichtesten zu verbessern. Wenn das Pferd in der Lage ist, sein Gewicht auf die Hinterhand zu verlagern und die Kruppe zu senken, indem es die Gelenke der

Hinterbeine stärker beugt, ist es auch fast immer möglich, den Trab größer und ausdrucksstärker zu machen. Dazu bringe ich dem Pferd die Passage bei, einen langsamen, erhabenen Trab, bei dem ich das Pferd bei ziemlich langsamem Tempo auffordere, auf mich zu »warten«. Wenn es das kann, treibe ich es wieder vorwärts, damit es längere Tritte macht, die jedoch im selben Takt bleiben.

Ein Pferd muss die Passage nicht so gut beherrschen wie ein Grand Prix-Pferd, um seinen Trab zu verbessern. Die Übung darf allerdings auch nicht auf einen Schwebetrab hinauslaufen, bei dem das Pferd sich verspannt und den vorwärts treibenden Hilfen widersetzt. Stattdessen sollte das Pferd gelöst bleiben und sein Trabtempo verringern, wenn es vom Takt der Gewichts- und Zügelhilfen des Reiters dazu aufgefordert wird. Es muss Schwung und Takt beibehalten und in der Hand ganz leicht bleiben. Falls nötig, lasse ich Kopf und Hals mehr Freiheit (das erläutere ich noch näher, wenn wir uns mit dem Galopp befassen). Wartet das Pferd im Trab auf mich, kann ich es in einer ausdrucksvolleren Bewegung vorwärts reiten. Das Pferd muss sensibel bleiben und darf sich nicht stark auf die Hand legen, wenn man vorwärts reitet.

Wenn ich diese Technik anwende, versuche ich weder, eine echte Passage zu erreichen, noch will ich einen unnatürlichen Trab erzeugen. Stattdessen bemühe ich mich nur, die Trabbewegung zu verlangsamen und die Kadenz, den Ausdruck, zu verstärken. Trägt das Pferd dabei entspannt und im Gleichgewicht die Bewegung mit dem ganzen Körper, ist es nicht mehr schwierig, ihm den starken Trab beizubringen.

Die Übergänge vom Trab zum Galopp und vom Galopp zum Trab werden mit jungen Pferden häufig geübt. Sobald ein Pferd jedoch die fliegenden Wechsel gelernt hat, vergessen die meisten Reiter die Galopp-Trab-Galopp-Übergänge, bis sie das Grand Prix-Niveau erreichen, wo diese wieder gefragt sind. Die Reiter neigen dazu, diese Übergänge zu meiden, weil ein weit gefördertes Pferd, dem die fliegenden Wechsel beigebracht worden sind, viele verschiedene Kombinationen von Hilfen gelernt haben wird, die sich alle sehr ähneln. Deswegen sind die früher so einfachen Übergänge nun ziemlich schwierig.

Kann das Pferd vom Galopp zum Trab durchparieren und dabei weich am Zügel bleiben, ohne abzutauchen oder die Zügelanlehnung aufzugeben, so wird der Trab, den es direkt nach dem Übergang zeigt, der beste Trab sein, zu dem es in diesem Augenblick überhaupt in der Lage ist. Aus diesem Grund sind Galopp-Trab-

Übergänge oft eine gute Methode, um den Trab zu verbessern. Ähnlich kann der Übergang vom Trab zum Galopp den Galopp verbessern. Nach einem guten Angaloppieren sind die ersten Galoppsprünge so gut, wie es dem jeweiligen Pferd nur möglich ist. Diese Übergänge verbessern auch das Gefühl des Reiters für den genauen Zeitpunkt der Hilfengebung. Er lernt dadurch, seine Hilfen zu koordinieren und bewusst zu erleben, wie das Pferd sich bewegt. Weil die Hilfen des Reiters präziser, unsichtbarer und sanfter werden, reagiert auch das Pferd besser auf sie.

Starker Trab

Den starken Trab übe ich nicht häufig, und dann jeweils nur in kurzen Reprisen. Trabverstärkungen sind für das Pferd sehr anstrengend und können zum Zusammenbruch führen. So wie oft gesagt wird, ein Springpferd könne in seinem Leben nur eine bestimmte Anzahl Sprünge machen, so glaube ich, dass für ein Dressurpferd die »Verstärkungs-Meter« gezählt sind. Altersbedingte Gesundheitsprobleme eines Pferdes zeigen sich am ehesten bei den Trabverstärkungen.

Schritt

Probleme im Schritt haben ihre Ursache meist in einem verspannten Pferd, das zum Eilen neigt. Auf Grund dieser Verspannung erreicht der Reiter nie den Punkt, an dem er das Pferd vorwärts treiben könnte.

In einer solchen Situation verlangsame ich erst einmal den Schritt, anstatt ständig vorwärts zu treiben. Mein Ziel ist zunächst, dass das Pferd den Hals länger machen und die leichte Anlehnung am Zügel suchen soll. Erst wenn ich das erreicht habe, kann ich das Pferd korrekt vorwärts treiben. Solange der Reiter das Pferd entweder zurückhalten oder an den Zügel zwingen muss, ist er nicht in der Lage, es vorwärts zu treiben.

Ich verlangsame den Schritt so, wie ich es beim ABC erklärt habe (siehe Kap. 4). Zunächst pariere ich zum Halten durch und gebe mit der Hand vollkommen nach, sobald das Pferd steht. Dann lasse ich es einen einzigen Schritt vorwärts machen, pariere sofort wieder durch und gebe wieder vollkommen nach. Diesen Ablauf – ein Schritt, Halten, Nachgeben, ein Schritt, Halten, Nachgeben – wiederhole ich so lange, bis das Tempo vollständig unter meiner Kontrolle ist. An diesem Punkt erhöhe ich allmählich die Anzahl der Schritte, bis das Pferd in aller Ruhe und mit absolutem Vertrauen auf mich wartet. Nun kann ich anfangen, das Pferd vorwärts zu treiben, anstatt es ständig verlangsamen zu müssen.

Oft wird gesagt, es sei gefährlich, das Pferd im Schritt am Zügel zu arbeiten. Ich persönlich habe davor keine Angst, solange ich absolut sicher bin, dass das Pferd wirklich am Zügel steht und

Korrektur bei Passgängern

Habe ich es mit einem Pferd zu tun, das im Schritt eine Neigung zum Passgang erkennen lässt, arbeite ich auf zwei Hufschlägen – entweder mit meiner Lieblingsübung Renvers oder in den anderen Seitengängen Schenkelweichen, Schulterherein, Travers oder Traversalen. Durch das Überkreuzen der Hinterbeine wird die Beweglichkeit der Gelenke in den Hinterbeinen verbessert, so dass das Passen dem Pferd schwerer fällt.

Hals und Rücken hergibt. Wenn das der Fall ist, ist Schrittarbeit nicht schädlicher als Trab- oder Galopparbeit.

Der Schritt ist eine Bewegung im Viertakt ohne Schwebephase, so dass das Pferd seinen Hals als Balancierstange einsetzen muss. Ist der Hals verspannt oder zu stark zusammengezogen, oder wird dem Pferd keine Bewegungsfreiheit gelassen, leidet die Qualität des Schritts darunter stärker als die des Trabs oder Galopps, die beide eine Schwebephase enthalten.

Galopp

Ich glaube, dass der Galopp am schwierigsten zu verbessern ist. Ebenso wie bei den anderen Gängen gilt: Solange man mit »angezogener Handbremse« reiten muss, hat man keine Chance, die Grundgangart zu verbessern.

Wenn das Pferd im Arbeitsgalopp sein Gleichgewicht gefunden hat und bereit zur Versammlung ist, benutze ich den Außengalopp, um ihm den versammelten Galopp beizubringen. Ich beginne an der langen Seite in der Nähe von Zaun oder Bande mit dem Außengalopp und reite einen Übergang zum Halten (vorzugsweise ohne Trab- oder Schritt-Tritte). Als einzige Hilfe für den Übergang setze ich eine Zügelhilfe ein und gebe am Zügel sofort spürbar nach, wenn das Pferd hält. Dem Halten folgt ein Übergang in den Außengalopp, für den ich deutliche Schenkel- und Gewichtshilfen verwende. Diese Übergänge wiederhole ich, bis das Pferd schnell und auf sehr feine Hilfen reagiert. Es muss den Zügeleinsatz zum Halten und die vorwärts treibenden Schenkel- und Gewichtshilfen verstanden haben.

Ich reite diese Übung im Außengalopp, weil ich so den Zaun oder die Bande dazu benutzen kann, die Hinterhand am Ausfallen zu hindern, wenn ich das Tempo drossele. So brauche ich keine zusätzlichen Hilfen einzusetzen, um das Pferd gerade zu halten. Diese gerade richtenden Hilfen würden das Pferd nur von den Hilfen zum Halten und zum Vorwärtsgehen ablenken, auf die es fein reagieren soll.

Reagiert das Pferd rasch und trotzdem ruhig auf die Hilfen zum Halten und Vorwärtsgehen, die bis dahin einzeln gegeben wurden, kombiniere ich den Gebrauch dieser Hilfen so, dass das Pferd einige Tritte lang kürzere Galoppsprünge zeigt. Ich verkürze die Sprünge gerade so weit, dass das Pferd fast in den Trab oder Schritt übergeht oder der Galopp fast »auseinander fällt«. Wenn ich an diesen Punkt komme, gebe ich am Zügel nach und lasse dem Pferd volle Freiheit für Kopf und Hals. Wenn ich allerdings so mit der Hand nachgebe, darf das Pferd nicht von selbst schneller werden; es muss die kurzen Sprünge beibehalten, bis ich es mit dem Schenkel vorwärts treibe.

Anfangs ist es dabei egal, wie das Pferd Kopf und Hals hält. Hat es sich jedoch daran gewöhnt, mit kurzen Sprüngen zu galoppieren, und dabei im Genick eine leichte Stellung zu halten, will ich, dass es den Hals senkt und sich nach unten abstreckt.

Dieses System erfordert, dass das Pferd Bewegungsfreiheit für Kopf und Hals hat. Das Pferd erkennt diese Freiheit, weil es sie von der Halte-Übung aus dem ABC kennt, und bleibt deswegen entspannt. So vermeiden Sie es, die Sprünge so weit zu verkürzen, dass das Pferd nicht mehr galoppieren kann. Außerdem muss der Reiter vorne wirklich loslassen, wenn er am Zügel deutlich nachgeben will, und das fällt den meisten Reitern sehr schwer.

Der Reiter muss über sehr viel reiterliches Gefühl verfügen, wenn er die Galoppsprünge allmählich verkürzen und dabei nicht so langsam werden will, dass das Pferd in den Trab oder Schritt ausfällt. Fällt das Pferd tatsächlich aus dem Galopp (was manchmal vorkommt), muss der Reiter die Ursache dafür herausfinden. Wenn es passiert ist, weil das Pferd nicht fein genug auf den Schenkel reagiert hat, sollte das Pferd korrigiert werden, indem man es energisch vorwärts reitet. Wurde das Ausfallen durch eine zu langsame Reaktion auf die Hand ausgelöst, sollte man die Reaktion des Pferdes verbessern, indem man wirklich zum Halten durchpariert.

Indem ich die Galoppsprünge allmählich verkürze und dem Pferd dabei große Halsfreiheit lasse, bin ich schließlich in der Lage, fast auf der Stelle zu galoppieren. Natürlich verliert ein dermaßen langsamer Galopp seine Schwebephase und damit auch die Bergauf-Tendenz der Sprünge; man sollte jedoch nicht zulassen, dass Kadenz und Takt verloren gehen.

Natürlich darf man dem Pferd nicht gestatten, so zu galoppieren, dass es beide

Langsam zur Versammlung

Mit der Theorie und Praxis vieler Reiter, die versuchen, ein Pferd in die Versammlung zu ziehen oder zu zwingen, kann ich mich nicht anfreunden. Mir ist der Gedanke lieber, dass man *das Pferd sein Gleichgewicht selbst finden lässt, wenn das Tempo so zurückgenommen wird, dass es aus eigenem Antrieb die Hinterbeine weiter unter den Körper setzt, um so bei den verkürzten Sprüngen das Gleichgewicht zu halten.*

1. Hier hat Edinburg seine Sprünge deutlich verkürzt. Genau in dem Augenblick, in dem er denkt, er solle jetzt halten, werden die Zügel hingegeben, so dass er im Galopp bleibt.

3. Wenn das Pferd einen so stark versammelten Galopp am langen Zügel aufrecht erhalten kann, kann der Reiter sanft wieder Anlehnung herstellen und das Pferd dazu auffordern, Kopf und Hals wieder in die korrekte Position aufzurichten – immer noch im stark versammelten Galopp.

2. Edinburg behält diesen stark verkürzten, versammelten Galopp bei, dehnt sich aber nach vorne und unten, weil an den Zügeln nachgegeben wurde.

Manche Pferde sind in der Lage, sich extrem zu versammeln, ohne die Balance zu verlieren.

Nach der Belastung des versammelten Galopps ist es oft eine gute Idee, das Pferd im Arbeitstempo vorwärts zu reiten, eventuell im Entlastungssitz und mit verlängertem Rahmen.

Hinterbeine gleichzeitig auf den Boden setzt. Zu diesem Fehler kommt es normalerweise, wenn der Reiter entweder mit dem inneren Zügel oder mit dem inneren Schenkel (beim Rechtsgalopp also mit rechtem Zügel und rechtem Schenkel) zu stark einwirkt. Man muss daran denken, dass der äußere Schenkel dafür zuständig ist, die Vorwärtstendenz des Galopps zu erhalten, während der äußere Zügel beim Verkürzen des Tempos vorherrscht.

Nachdem man fünf oder sechs Sprünge lang den Galopp deutlich verkürzt hat, ist es wichtig, wieder vorwärts zu reiten, vorzugsweise am relativ langen Zügel und mit geringer Beizäumung.

Hat das Pferd gelernt, fast auf der Stelle zu galoppieren und dabei den Hals so weit nach vorne und unten zu strecken wie nötig, kann man allmählich wieder Zügelanlehnung herstellen. Schließlich wird der Hals schön gewölbt und mit dem Genick als höchstem Punkt getragen werden, so dass man ein hohes Maß an Versammlung im Galopp erreicht hat. Das ist eine wunderbare Vorbereitung für Galopp-Pirouetten; um aus einem solchen Galopp heraus eine Pirouette zu reiten, braucht man nur noch die Hilfen zum Wenden zu geben (siehe Kap. 12).

Im Allgemeinen sind die Übungen zum Verkürzen des Trabs oder Galopps für Pferde gedacht, die das Potenzial für anspruchsvollere Lektionen haben. Um diese Übungen erfolgreich durchführen zu können, muss das Pferd eine gewisse natürliche Begabung für die Versammlung besitzen. Hat ein Pferd diese Begabung nicht, darf man keine fantastischen Ergebnisse erwarten. Nicht einmal der beste Reiter der Welt kann ein Pferd dazu bringen, mehr zu leisten, als seine natürlichen Fähigkeiten es ihm erlauben. Es gibt auch nur wenige Reiter, deren Fähigkeiten ausreichen, um ein Pferd bis an die Grenzen seiner Begabung zu fördern. Doch selbst wenn man nicht aus jedem Pferd ein Weltklasse-Dressurpferd machen kann, kann man bei fast jedem Pferd die Grundgangarten verbessern.

KAPITEL 11

Zickzack-Traversalen im Trab und Galopp

Jetzt ist es an der Zeit, sich einer der schwierigsten Lektionen in der Dressur zuzuwenden: den Zickzack-Traversalen. Für die erfolgreiche Ausführung dieser Lektion gibt es zwei wichtige Voraussetzungen. Zum Einen müssen die Grundlagen stimmen und das Pferd muss auf sehr leichte und präzise Hilfen reagieren. Zum Zweiten muss der Reiter diese schwierige Lektion während der Lernphase in kleinere Einheiten aufteilen, die nicht eher kombiniert werden, als bis jede Einzelne beherrscht wird.

Bei der Zickzack-Traversale werden mehrere Traversalen hintereinander auf kurzen Diagonalen geritten, die abwechselnd zu beiden Seiten der Mittellinie angeordnet sind. Beim Trab entscheidet man vorher, wie viele Meter das Pferd sich von der Mittellinie entfernen soll; beim Galopp zählt man, wie viele Sprünge es machen muss.

Die Zickzack-Traversale wird in vielen Prüfungen ab Klasse M verlangt. Damit sie klappt, – egal ob im Trab oder im Galopp –, muss das Pferd in der Lage sein, mit gleicher Leichtigkeit in beide Richtungen zu traversieren. Es muss rasch und willig auf die Hilfen zum Seitwärtstreten reagieren und die Seitwärtsbewegung ebenso rasch beenden und sich wieder gerade richten. Ehe diese Voraussetzungen nicht geschaffen sind, sollte man es mit den Zickzack-Traversalen gar nicht erst versuchen.

ÜBUNG 15

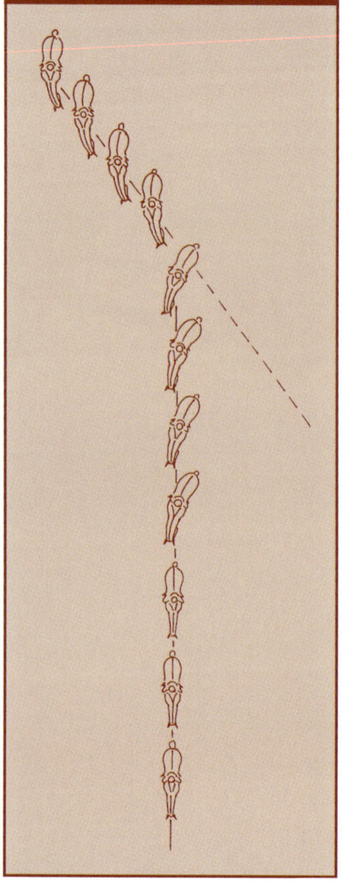

Übung 15

Nach einer Traversale auf der Diagonalen wird im Travers zur selben Seite hin weiter geritten, wobei die Vorhand auf der Mittellinie geht. Wichtig ist, dass die Biegung beibehalten wird. Diese Übung zwingt den Reiter, die Hinterhand weiter zur Seite zu bewegen – und sie dort zu halten. Zum Abschluss der Übung wird geradeaus geritten, um so zu überprüfen, ob der Reiter die Hinterhand wieder auf die Spur der Vorhand bringen kann.

ÜBUNG 16

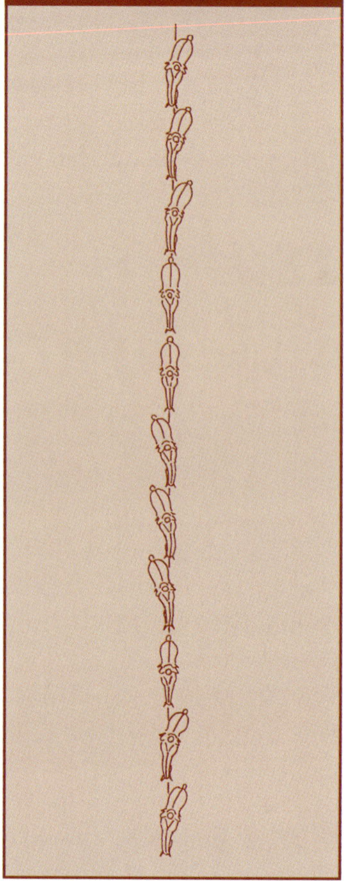

Übung 16

Diese Übung ist dazu gedacht, den Wechsel vom Travers zur einen Seite in den Travers zur anderen Seite zu üben, wobei die Vorhand auf der Mittellinie bleibt. Anfangs kann man vor dem Wechsel einige Tritte lang geradeaus reiten, idealerweise sollte der Reiter jedoch in der Lage sein, direkt vom einen in den anderen Travers zu wechseln.

ÜBUNG 17

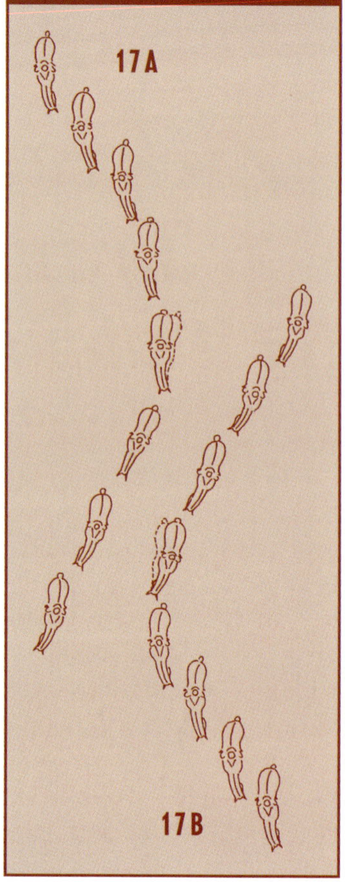

Übung 17

Ehe ich eine echte Zickzack-Traversale versuche, übe ich einen einzelnen Richtungswechsel. Dabei lasse ich die Hinterhand leicht führen, bevor ich das Pferd gerade richte. Anfangs lasse ich das Pferd einige Tritte lang auf der Diagonalen geradeaus gehen, bevor ich es in die neue Richtung umstelle (A). Letzten Endes sollten die zwei Traversalen fließend ineinander übergehen (B).

Umstellen

Die Hauptschwierigkeit bei dieser Lektion liegt im Übergang von einer Traversale zur anderen, vor allem im Umstellen der Biegung. Wenn ich einem Pferd die Zickzack-Traversalen beibringe, konzentriere ich mich besonders auf seine Fähigkeit, sich umzustellen.

Erste Schritte zum korrekten Umstellen

Wie bei jeder neuen Lektion fange ich in langsamem Tempo an, normalerweise im Schritt. Wenn im Laufe der Arbeit Probleme auftauchen, werde ich noch langsamer, das ist besser als das Tempo zu steigern. Als Erstes mache ich eine Übung, die auf S. 114 beschrieben ist (Übung 15).Viele Reiter machen den Fehler, sich beim Richtungswechsel nur darauf zu konzentrieren, den Hals umzustellen, anstatt auf die Hinterhand einzuwirken. Dies führt normalerweise dazu, dass die Hinterhand in der neuen Traversale vorauseilt, so dass das Pferd Gleichgewicht und Takt verliert. Der Hauptzweck der folgenden Übung besteht darin, den Reiter zu lehren, wie wichtig der äußere Schenkel ist – jene Hilfe, die die Position der Hinterhand festlegt.

Die Übung besteht aus drei Elementen:

1. Eine Traversale entlang der Diagonale auf die Mittellinie zu.
2. Travers zur selben Seite auf der Mittellinie, wobei die Vorhand auf der Mittellinie bleibt. So lernt der Reiter, die Hinterhand seitwärts zu treiben und sie dort zu halten, während er die Richtung wechselt.
3. Geraderichten des Pferdes auf der Mittellinie, um so sicher zu stellen, dass der Reiter die Hinterhand wieder auf die Spur der Vorhand bringen kann.

Wenn dies in beiden Richtungen mit Leichtigkeit klappt, gehe ich zur nächsten Übung über, zunächst im Schritt (siehe Abb. Übung 16). Bei dieser Übung liegt mein Augenmerk darauf, dass ich vom Travers zur einen Seite in den Travers zur anderen Seite wechseln und dabei die Vorhand auf der Mittellinie halten will. Anfangs erlaube ich dem Pferd, zwischen diesen Seitenwechseln auf der Mittellinie einige Schritte geradeaus zu gehen. Letztlich habe ich jedoch das Ziel, direkt vom einen in den anderen Travers wechseln zu können. Dabei müssen die Vorderbeine immer in gerader Linie auf der Mittellinie bleiben. Erweist sich dies als schwierig, gehe ich wieder zu den Geradeaus-Tritten zwischen den beiden verschiedenen Travers über.

Die letzte Übung vor dem eigentlichen Zickzack ist auf der Abbildung zu Übung 17 zu sehen (Teil A). Diese Übung ist schon fast ein Zickzack; um jedoch sicher zu gehen, dass die Hinterhand zur neuen Außenseite hin mitgenommen wird, schalte ich ein paar Travers-Tritte ein, ehe ich das Pferd gerade richte. Anfangs reite ich auf der Diagonalen einige Schritte geradeaus und stelle das Pferd dann um. Mit der Zeit wird die Anzahl dieser Übergangs-Schritte verringert und die beiden Seitengänge gehen wie auf Teil B der Abbildung ineinander über.

Trabtraversalen

Beherrscht das Pferd diese drei Übungen im Schritt auf beiden Händen gut, wiederhole ich sie im Trab. Wenn Sie bei diesen Übungen im Trab Schwierigkeiten haben, gehen Sie wieder zum Schritt über, finden hier die Ursache heraus, lösen das jeweilige Problem und machen dann wieder im Trab weiter.

Orientierungshilfen bei den Zickzack-Traversalen im Trab

Hat das Pferd diese drei Übungen gelernt, sind Sie bereit für die Kombination von Traversalen zur Zickzack-Traversale mit der geforderten Anzahl einzelner Traversalen und der geforderten Entfernung von der Mittellinie. An diesem Punkt muss der Reiter sehr genau darauf achten, den Zickzack wirklich präzise auf der Mittellinie zu beginnen. Man sieht oft, dass Reiter mit der ersten Traversale eines Zickzack seitlich von der Mittellinie anfangen. Dadurch wird es schwierig, die restlichen Traversalen an der richtigen Stelle auszuführen. Im Galopp, in dem die Anzahl der Galoppsprünge vorgeschrieben ist, ist es unmöglich, den Zickzack korrekt zu beenden, wenn man an der falschen Stelle anfängt.

Soll eine Trabtraversale beispielsweise fünf Meter von der Mittellinie enden, müssen Sie daran denken, den Richtungswechsel rechtzeitig vorzubereiten, noch ehe Sie diese Fünf-Meter-Linie erreicht haben. Wenn Sie mit dem Richtungswechsel warten, bis diese Linie erreicht ist, wird die ganze Lektion auf eine Seite des Vierecks verlagert. Im schlimmsten Falle haben Sie am Ende der Lektion nicht einmal mehr genug Platz, um die Mittellinie zu überqueren.

ÜBUNG 18

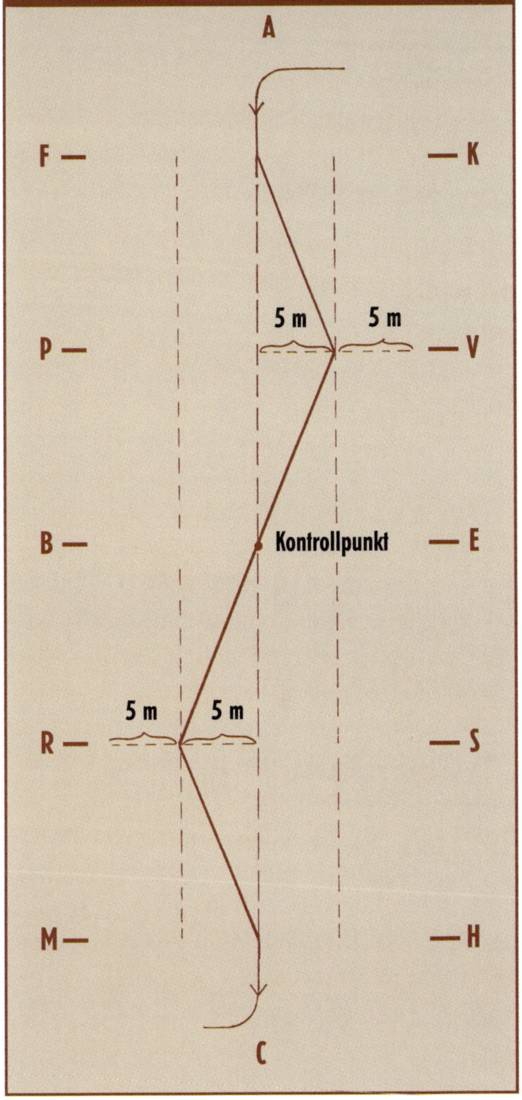

ÜBUNG 19

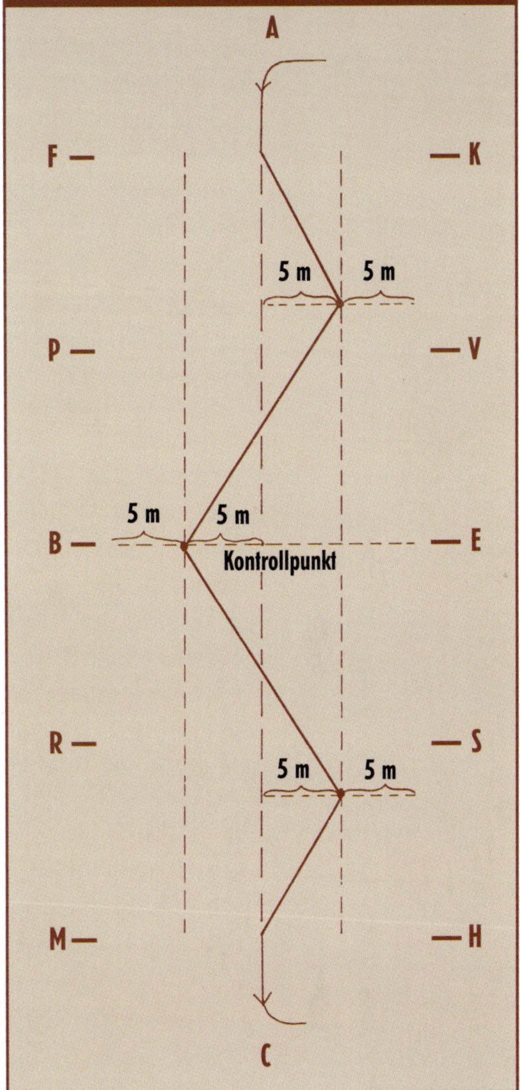

Ebenso ist es wichtig, dass der Reiter sich über die Bahn verteilt Kontrollpunkte schafft, die sicherstellen, dass der Zickzack korrekt platziert wird. Außerdem muss er wissen, dass er entweder den Punkt X passieren sollte, wenn er die Hälfte der zweiten Traversale hinter sich hat (siehe Abb. Übung 18), oder die zweite Traversale auf der Fünf-Meter-Linie zwischen E und B beenden sollte (siehe Abb. Übung 19).

Je mehr Richtungswechsel man durchführen muss, desto mehr Kontrollpunkte braucht man. Die Kontrollpunkte helfen dem

Man kann sich in der Reitbahn Kontrollpunkte vorstellen, um sicher zu gehen, dass man den Zickzack korrekt platziert hat.

Reiter, die Strecke während der Lektion zu verändern, wenn er von der Ideallinie abweicht. Bei der letzten Traversale ist es zu spät, um noch Veränderungen vorzunehmen. Wenn Sie die Zickzack-Traversalen gerade erst lernen, ist es hilfreich, sich die korrekte Linienführung mit Sägespänen oder Stangen auf dem Boden zu markieren, so dass Sie einen Anhaltspunkt haben, und die Richtungswechsel durch Kegel darzustellen.

Zickzack-Traversalen im Galopp

Wenn das Pferd im Trab-Zickzack sicher ist und sich problemlos von einer Richtung in die andere biegen kann, können Sie die Übungen 15 und 17 auch im Galopp durchführen. Die Zickzack-Traversale im Galopp enthält als zusätzliche Schwierigkeit die fliegenden Wechsel. Man muss also in der Lage sein, gleichzeitig einen Galoppwechsel zu reiten und den Richtungswechsel vorzunehmen, so dass das Pferd sich immer im Handgalopp befindet.

Wegen des fliegenden Wechsels ist es ungeheuer wichtig, das Pferd vor dem Richtungswechsel gerade zu stellen. Wenn es die Hinterhand zu der Seite hin »nachschleift«, von der es gerade gekommen ist, ist es dem Pferd unmöglich, einen fliegenden Wechsel auszuführen. Wenn ich einem Pferd den Galopp-Zickzack beibringe, lasse ich meist während der Traversale kurz vor dem Richtungswechsel die Hinterhand leicht führen, bevor ich das Pferd gerade richte und den Wechsel reite. Manchmal biege ich das Pferd sogar in die falsche Richtung, um zu überprüfen, ob ich den bisherigen äußeren Zügel und Schenkel einsetzen kann (in Übung 17A den rechten Zügel und rechten Schenkel).

Mitzählen beim Galopp-Zickzack

Der Galopp-Zickzack wird immer über eine bestimmte Anzahl von Galoppsprüngen geritten, die man zählen können muss. Außerdem ist es wichtig, genau zu wissen, wie viele Sprünge das Pferd braucht, bis es mit der Traversale anfangen kann, und wie viele Sprünge es braucht, um sich vor dem fliegenden Wechsel gerade zu richten und umzustellen.

Um diese schwierige Lektion einfacher zu machen, beginne ich mit der Übung, die auf S. 119 gezeigt wird (Abb. Übung 20). Ich reite vier Galoppsprünge seitwärts, also als Traversale, dann vier Galoppsprünge geradeaus, dann wieder vier Galoppsprünge

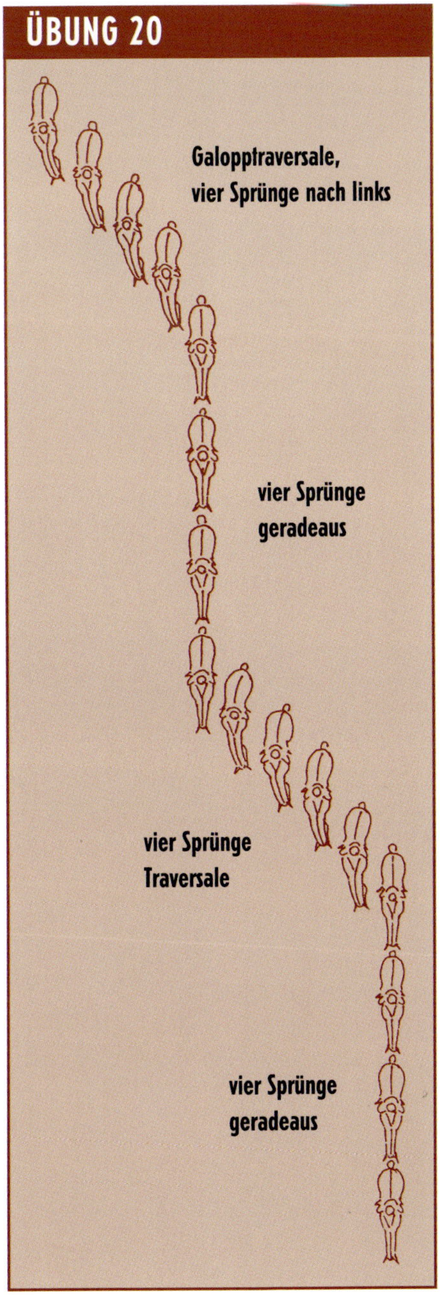

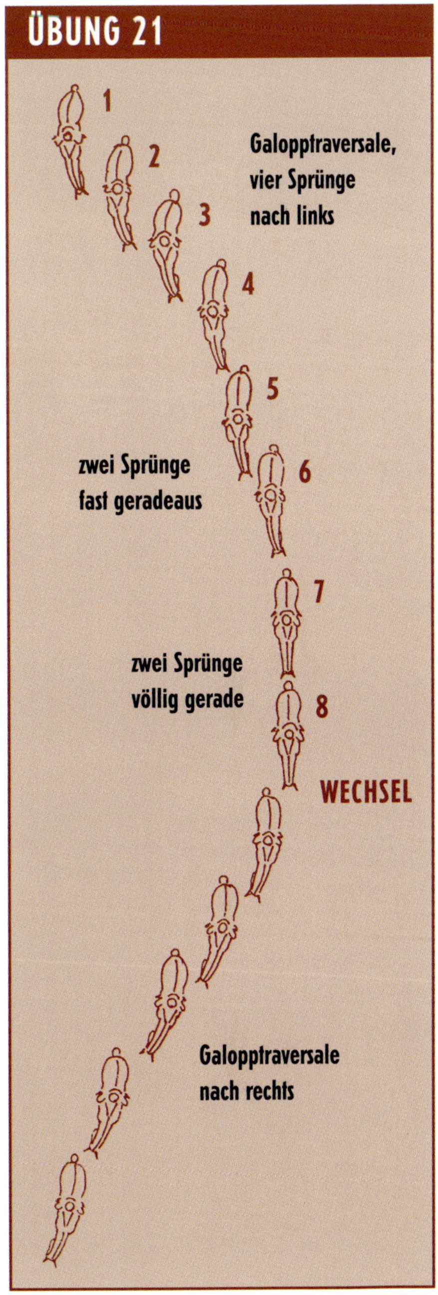

seitwärts, und so weiter. So lernt der Reiter, die Sprünge zu zählen und das Pferd gerade zu richten. Probieren Sie diese Übung auf beiden Händen. Sobald sie Ihnen leicht fällt, können Sie zur nächsten Übung übergehen (Abb. Übung 21). Bei dieser

Links:
1. Unmittelbar vor dem Wechsel wird das Pferd gerade gerichtet.
Rechts:
2. Das Pferd springt um.

Links:
3. Das Pferd ist in die neue Richtung gestellt und gebogen.
Rechts:
4. Die Galopptraversale in die neue Richtung kann beginnen.

Übung reiten Sie vier Galoppsprünge seitwärts, dann zwei Sprünge mit geringerer Abstellung und Biegung, richten anschließend das Pferd für zwei Sprünge gerade und reiten beim letzten Galoppsprung den Wechsel. Unmittelbar darauf folgt die Traversale in die neue Richtung. Wiederholen Sie diese Übung in beide Richtungen.

Der fliegende Wechsel bei der Zickzack-Traversale

Oft ist es schwierig, das Pferd in der Zickzack-Traversale weit genug seitwärts zu bewegen. In der Traversale sollte die Vorhand leicht vor der Hinterhand führen; oft schleift jedoch die Hinterhand regelrecht nach, so dass es schwierig ist, das Pferd vor dem Wechsel gerade zu richten.

Wenn man nicht in der Lage ist, das Pferd gerade zu richten, bekommt man bestenfalls einen sehr verhaltenen Wechsel, das Pferd kann den Wechsel aber auch verspringen oder gar nicht wechseln. Dadurch wird es nur noch schwieriger, in der neuen Richtung seitwärts zu reiten. Klappt der Wechsel schlecht, folgt ihm auch kein guter Galopp, weil das Pferd nicht im Gleichgewicht ist. Ist die Hinterhand falsch platziert, muss das Pferd sich zur Seite werfen, und der Galopp wird mit jedem Richtungswechsel schlechter.

Wenn meine Schüler die Zickzack-Traversale lernen, reiten sie zuerst auf der Mittellinie geradeaus und dürfen mit der ersten Traversale nicht eher anfangen, als bis sie gut auf den Galopp einwirken.

Zickzack-Traversalen für Intermediaire II und Grand Prix

Zum Üben der Zickzack-Traversalen für die Intermediaire II können Sie mit Folgen von jeweils acht Galoppsprüngen anfangen. Reiten Sie die ersten fünf Sprünge in der Traversale im bestmöglichem Galopp. Beim sechsten Sprung beginnen Sie, das Pferd gerade zu richten, beim siebten Sprung ist es fast und beim achten Sprung vollkommen gerade. Nun ist es in der Lage, einen fliegenden Wechsel ausführen und danach sofort mit der Galopptraversale in die neue Richtung fortzufahren. Auf dieselbe Art reiten Sie nun in diese neue Richtung, fünf Sprünge Traversale und so weiter. Sie sollten sich dabei bemühen, den Wechsel so gut möglich zu reiten, damit die Bewegung in die neue Richtung erleichtert wird.

Vertrauen statt Gewalt

Ebenso wie die Einerwechsel steht und fällt eine gut ausgeführte Zickzack-Traversale im Galopp mit dem völligen Vertrauen zwischen Pferd und Reiter. Wenn Sie also Probleme bemerken und die Sache für das Pferd schwierig wird, dürfen Sie sich niemals dazu hinreißen lassen, das Pferd zu riegeln, zu zerren, zu schieben oder ihm in die Rippen zu treten. Dabei kommt nichts heraus und das Pferd wird nur verwirrt. Anstatt mit dem Pferd zu kämpfen, kehren Sie lieber zu den leichteren Galopptraversalen zurück und probieren es erst wieder mit der gesamten Lektion, wenn die einzelnen Elemente klappen.

Beim Grand Prix wird die Zickzack-Traversale in einer Abfolge von 3-6-6-6-3 verlangt. Das ist natürlich schwieriger als die Abfolge für die Intermediaire II; wenn das Pferd jedoch bei der 4-8-8-4-Abfolge ruhig und gelassen bleibt, ist es normalerweise relativ einfach, die Anzahl der Galoppsprünge zu verringern. Denken Sie daran, den Zickzack geradeaus auf der Mittellinie zu beenden.

KAPITEL 12

Pirouetten im Schritt und Galopp

Zwar wird die Schrittpirouette bereits auf A-Niveau verlangt, ich möchte sie hier jedoch zusammen mit der Galopppirouette abhandeln, weil die Grundlagen dieselben sind. Die Galopppirouette gehört zu den schwierigsten Lektionen beim Dressurreiten und wird oft mit dem Faktor 2 bewertet, so dass sie großen Einfluss auf die Gesamtbewertung einer Prüfung hat.

Die Hilfen für die Schritt- und die Galopppirouette sind fast identisch. Ehe Sie sich an die Galopppirouette heranwagen sollten sie in der Lage sein, eine gute Schrittpirouette auszuführen; in Dressurprüfungen wird eine halbe Schrittpirouette verlangt.

Pirouetten in der Piaffe werden nach dem Reglement nicht verlangt, man sieht sie allerdings öfter im Kürprogramm.

»Technische Details«

Bei einer idealen Pirouette, egal ob im Schritt oder im Galopp, führt das Pferd eine Wendung von 360° – bei der halben Pirouette von 180° – um das innere Hinterbein aus, das dabei fast auf der Stelle tritt. Der Radius der Wendung entspricht der Körperlänge des Pferdes.

Schrittpirouette

Ich persönlich halte nichts davon, die Schrittpirouette in Prüfungen der Klasse A zu verlangen. Zwar ist für die Schrittpirouette weniger Versammlung nötig als für die Galopppirouette, doch ein gewisser Versammlungsgrad ist trotzdem unabdingbar. Viele Reiter auf A-Niveau sind jedoch noch nicht in der Lage, ihr Pferd für eine korrekte Schrittpirouette ausreichend zu versammeln, und deshalb leidet oft die Qualität des Schritts darunter.

Erste Schritte in die Pirouette

Ebenso wie andere Lektionen bestehen auch Pirouetten aus vielen Einzelteilen, die wie die Stücke eines Puzzles zu einem Gesamtbild zusammengesetzt werden müssen. Bevor Sie beginnen, Schrittpirouetten zu üben, sollten Sie in der Lage sein, das Pferd auf einer freien Linie, also ohne Bande oder Zaun, absolut geradeaus zu reiten. Reiten Sie wenn möglich entlang der Mittellinie auf einen Spiegel zu, um so zu überprüfen, ob das Pferd wirklich gerade gerichtet ist.

Das Pferd sollte in der Lage sein, *sehr* langsam zu gehen, immer nur einen Schritt auf einmal, ohne dass der Reiter dazu starke Hilfen einsetzen müsste. Überprüfen Sie als Nächstes, ob Sie das Pferd nach beiden Seiten hin stellen und dabei sowohl die Hinter- als auch die Vorhand immer noch auf der geraden Linie halten können. Mit dem inneren Zügel wird das Pferd im Genick gestellt, während der äußere Zügel die Anlehnung erhält und das Ausmaß der Stellung kontrolliert. Sie können überprüfen, ob das Pferd wirklich losgelassen am Zügel steht, indem Sie am inneren Zügel einige Schritte lang nachgeben. Stellung und Tempo sollten gleich bleiben, wenn am inneren Zügel nachgegeben wird.

Wenn der Reiter versucht, das Pferd nach innen zu stellen, widersetzen sich viele Pferde, indem sie die Hinterhand nach außen schieben. Dann versucht der Reiter oft, dem entgegenzuwirken, indem er mit dem äußeren Schenkel stärker einwirkt, wodurch das Pferd die Hinterhand in einer traversähnlichen Stellung nach innen nimmt. Nun kreuzt das Pferd das äußere Hinterbein vor dem Inneren und ist deswegen nicht in der Lage, seinen Versammlungsgrad beizubehalten (also mehr Gewicht auf die Hinterhand zu übernehmen), so dass es die Pirouette nicht korrekt um das innere Hinterbein herum ausführen kann. Idealerweise sollte das innere Hinterbein auf der Stelle treten, während das äußere Hinterbein auf einem kleinen Kreis um es herumtritt.

Die Hilfen für die Pirouette

Ist das Pferd in der Lage, gestellt langsam und gerade zu gehen, können Sie die eigentlichen Hilfen für die Wendung geben. Der innere Zügel führt das Pferd um die Wendung, muss jedoch sanft einwirken und jederzeit nachgeben können. Der äußere Zügel kontrolliert die Stellung und unterstützt während der Pirouette die Versammlung. Ich benutze beide Zügel, um das Pferd zurückzuhalten, wenn es zu schnell weitergehen will.

Ich lasse mein Gewicht etwas mehr auf den inneren Gesäßknochen wirken. Mein innerer Schenkel bleibt in seiner normalen Position und wird, wenn nötig, eingesetzt, um das Pferd vorwärts zu treiben. Den äußeren Schenkel lege ich nur geringfügig zurück, um zu verhindern, dass die Hinterhand nach außen ausfällt. Diese Hilfen zum Wenden sorgen automatisch dafür, dass das Pferd leicht nach innen gebogen ist.

Wenn ich in der Lage bin, das Pferd zu biegen, ohne dass es die Hinterhand nach außen schiebt, weiß ich, dass es auch auf meinen äußeren Schenkel gehorsam reagieren wird, so dass ich diesen in der Wendung nicht sonderlich stark einsetzen muss. Der innere Zügel und das Gewicht sind die Haupthilfen für die Wendung. Versucht das Pferd, mit Kopf und Hals nach unten abzutauchen, hole ich sie mit dem äußeren Zügel wieder herauf.

Häufige Fehler bei der Pirouette

Die Verteilung des Reitergewichts ist oft ein Problem. Das Pferd merkt oft, dass die Wendung kommt, und fängt bereits damit an, sobald der Reiter es zu stellen beginnt. Zur Korrektur sollte man das Pferd mit dem äußeren Zügel auf der geraden Linie halten. Stattdessen reagieren viele Reiter damit, dass sie ihr Gewicht nach außen verlagern. Dadurch werden einander widersprechende Hilfen gegeben: Die Gewichtshilfe fordert das Pferd auf, nach außen abzuwenden, während die Zügel- und Schenkelhilfen es zur Wendung nach innen auffordern. Solche widersprüchlichen Hilfen verwirren das Pferd und führen dazu, dass der Reiter stärkere Hilfen einsetzen muss, um das Pferd zu einer Reaktion zu veranlassen.

Wenn ich anfange, einem Pferd die Schrittpirouette beizubringen, ist es mir am liebsten, wenn es die Nase deutlich vor der Senkrechten trägt. Lässt man zu, dass das Pferd den Hals einrollt und hinter der Senkrechten geht, ist es in der Lage, das Gewicht auf die Vorhand zu verlagern und die Schenkel- und Zügelhilfen zu ignorieren. Wenn Hals und Kopf etwas höher getragen werden, kann ich das Pferd auch besser korrigieren, wenn es im Verlauf der Wendung mit dem inneren Hinterbein keine deutlich abgesetzten Tritte mehr zeigt.

Ich möchte betonen, dass das äußere Vorder- und Hinterbein des Pferdes nach einer korrekt auf den Punkt gerittenen halben Schrittpirouette auf einer Linie zu stehen kommen, die gegenüber der Ausgangslinie für die Lektion um ungefähr eine Körperbreite nach innen verschoben ist. Es ist korrekt, dass das Pferd die Lektion nicht auf demselben Hufschlag beendet, auf dem sie begonnen wurde. Vielen Reitern ist das nicht bewusst und sie beenden die Pirouette unkorrekt dadurch, dass sie das Pferd in einer Traversale wieder an den Punkt schieben, an dem sie angefangen haben. Je weniger die Pirouette auf den Punkt geritten wurde, desto weiter müssen sie das Pferd seitwärts bewegen, um wieder auf den Hufschlag zu gelangen.

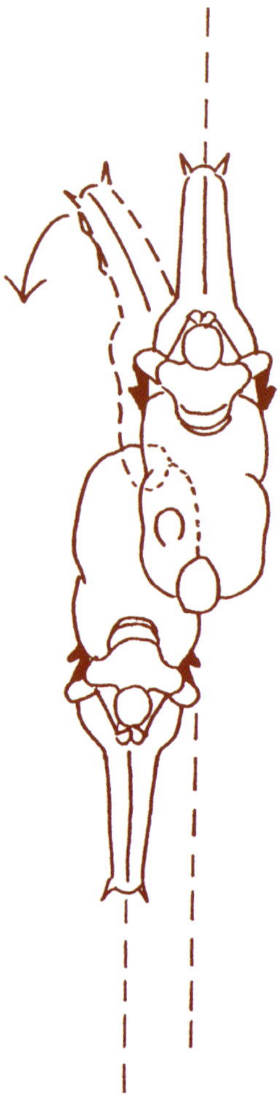

Selbst bei einer perfekt auf den Punkt gerittenen halben Pirouette steht das Pferd schließlich auf einer Linie, die gegenüber der Ausgangslinie um eine Körperbreite verschoben ist.

Galopppirouette

Der »Pirouetten-Galopp«

Das wichtigste Puzzleteil der Galopppirouette ist ein *stark versammelter Galopp.* Im zehnten Kapitel war vom stark versammelten Galopp die Rede, der auf der langen Seite als Außengalopp geritten wurde, um zu sichern, dass das Pferd gerade gerichtet ist. Diesen stark versammelten Galopp bezeichne ich als »Pirouetten-Galopp«, weil Pirouetten in einem solchen Galopp ausgeführt werden.

Sie müssen in der Lage sein, diesen »Pirouetten-Galopp« im Handgalopp auf einer geraden Linie zu reiten, auch wenn Sie keine Bande und keinen Zaun zur Unterstützung haben. Das Pferd muss den »Pirouetten-Galopp« beherrschen, wenn es in der Lage sein soll, sich um 180 oder 360° zu drehen und gleichzeitig den Galopp auf der Stelle aufrechtzuerhalten. Ich übe diesen Galopp häufig und immer nur für kurze Zeit, wobei ich im normalen Galopp auf geraden Linien oder dem Zirkel die Sprünge verkürze, ohne zu wenden. Dadurch verhindere ich, dass das Pferd von allein mit der Pirouette anfängt, sobald ich es versammle.

Erste Schritte zur korrekten Galopppirouette

Sobald Sie und Ihr Pferd den »Pirouetten-Galopp« beherrschen, können Sie mit der eigentlichen Wendung anfangen. Ebenso wie bei der Schrittpirouette müssen Sie sicherstellen, dass das Pferd

Die Galopppirouette gehört zu den schwierigsten Lektionen beim Dressurreiten. Sie ist am leichtesten zu lernen, wenn man sie wie ein Puzzle betrachtet und immer ein Stück hinzufügt, bis das Gesamtbild entstanden ist.

Sowohl für die Schritt- als auch für die Galopppirouette sollte das Pferd nicht stärker gestellt oder gebogen sein als auf dieser Abbildung gezeigt.

vor der Wendung mit dem ganzen Körper völlig gerade gerichtet und nur im Genick leicht gestellt ist.

Üben Sie als nächsten Schritt den Beginn und das Ende der Wendung. Dazu übt man am besten die halbe Pirouette. Die Hilfen sind dieselben wie für die halbe Schrittpirouette. Reiten Sie auf der Diagonalen und versammeln dabei das Pferd zum »Pirouetten-Galopp«. Dann stellen Sie das Pferd im Genick nach innen und lassen es in aller Ruhe einige Sprünge weit zur Seite drehen. Weil das Pferd dabei in die Wendung geht, wird es sich automatisch leicht nach innen biegen. Nach einigen Sprüngen sollten Sie dann die Pirouette allmählich vergrößern, damit das Pferd aus der Pirouette heraus im Galopp bleiben kann, und auf einer geraden Linie weiter reiten. Wenn das Pferd gerade gerichtet ist, treiben Sie es im normalen versammelten Galopp vorwärts. Es ist wichtig, das Pferd nach der Pirouette gerade und auf der richtigen Linie zu halten, um einen guten fliegenden Wechsel ausführen zu können (dieser fliegende Wechsel geht oft in die Bewertung der Pirouette mit ein).

Klappt die halbe Pirouette korrekt und in aller Ruhe, können Sie die Anzahl der Galoppsprünge allmählich erhöhen, bis schließlich eine komplette Wendung um 360° ausgeführt wird. Als ideal für eine vollständige Pirouette gelten sechs bis acht Galoppsprünge.

Machen Sie es sich zur Regel, keine sehr kleinen Pirouetten zu üben. Eine vollständige Pirouette ist für das Pferd härteste Arbeit, bei der es leicht müde werden oder sich verspannen kann, so dass es den Takt verliert oder nur noch einen »Spin« ausführt. Im Training reite ich normalerweise nur etwas, das ich »Arbeitspirouetten« nenne

– ein wenig größer als die ideale Pirouette, aber im extrem versammelten Galopp.

Bedenken Sie, dass die Qualität einer Pirouette von der Qualität der Vorbereitung abhängt. Reagiert das Pferd nicht auf ganz leichte Hilfen, ist es nicht entspannt oder nicht in der Lage, Takt und Versammlung beizubehalten, wird es niemals eine gute Pirouette ausführen können. Außerdem muss der Reiter im Gleichgewicht sitzen, um die korrekten Hilfen geben zu können. Wenn auch nur eines der Puzzleteile fehlt, reicht das bereits, um die angestrebte perfekte Pirouette zu gefährden.

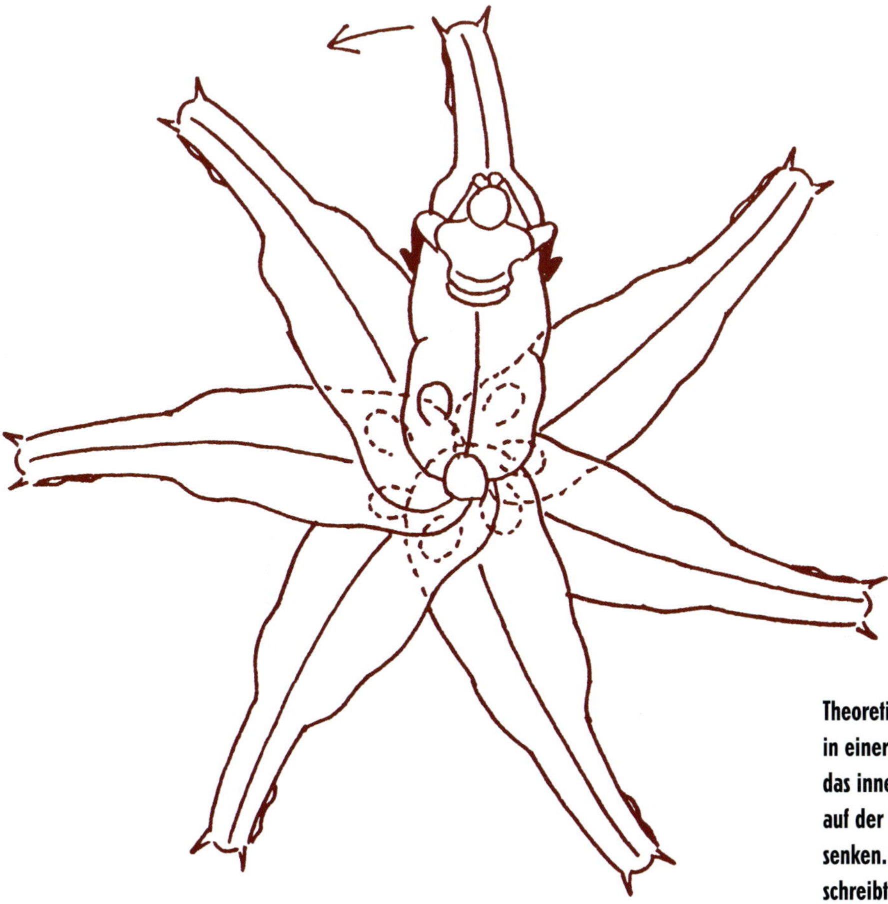

Theoretisch sollte das Pferd in einer perfekten Pirouette das innere Hinterbein genau auf der Stelle heben und senken. In der Praxis beschreibt das innere Hinterbein einen sehr kleinen Kreis; je kleiner dieser Kreis und je besser der Galopp, desto besser ist die Pirouette.

Kyra auf Edinburg bei einer Galopppirouette – Sprung für Sprung um die Wendung.

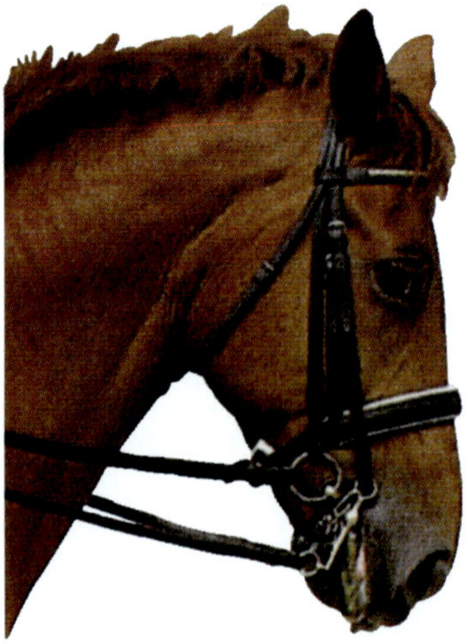

KAPITEL 13

Piaffe, Passage und die Übergänge dazwischen

Voraussetzungen für Passage und Piaffe

Wenn ich auf der Suche nach einem neuen Pferd bin, halte ich nach Tieren Ausschau, die das Potenzial für den Grand Prix haben. Dies sind Pferde, die die Fähigkeit haben, Piaffe und Passage zu zeigen. Um diese Lektionen ausführen zu können, braucht ein Pferd bestimmte Voraussetzungen, sowohl körperlich als auch geistig. Da sowohl Piaffe als auch Passage höchste Versammlung erfordern, ist es außerordentlich wichtig, dass das Pferd vom Exterieur her in der Lage ist, die Hinterbeine weit unter den Körper zu setzen und so nahe wie möglich an seinen Schwerpunkt heranzutreten. Vorzugsweise sollte das Pferd diese Haltung problemlos und von Natur aus anbieten.

Lässt ein Pferd von Natur aus die Hinterhand nachschleifen, weil die Gelenkwinkelung seiner Hinterbeine es nichts anders zulässt, wird es sich niemals korrekt versammeln können. Wollte man von einem solchen Pferd Piaffe und Passage verlangen, würde man ihm wahrscheinlich Schmerzen zufügen, oder die Lektion wäre einfach zu anstrengend und zu schwierig, so dass dabei nie ein gutes Ergebnis herauskäme. Auch der Ansatz des Halses aus der Schulter ist sehr wichtig. Ist der Hals zu tief oder zu hoch angesetzt, werden Probleme auftreten, sobald das Pferd aufgefordert wird, den Hals extrem zu wölben. Wie bereits erwähnt, ist auch eine ausreichende Ganaschenfreiheit wichtig (siehe Kap. 1), weil das Pferd nur so in der Lage ist, korrekt am Zügel zu gehen und die Stirn selbst dann in der Senkrechten zu tragen, wenn es den Hals aufgewölbt hat und versammelt geht. Diese körperlichen Eigenschaften kann man sehen, wenn man die natürlichen Reaktionen eines jungen Pferdes beobachtet. Trotz-

Passage, Piaffe und Übergänge

Die **Passage** ist ein stark versammelter Trab, bei dem die diagonalen Tritte höher und mit längerer Schwebephase ausgeführt werden. Idealerweise wird das Vorderbein dabei so weit gehoben, dass der Unterarm waagrecht steht und das Karpalgelenk um 90° gebeugt ist, so dass das Röhrbein senkrecht zum Boden zeigt und parallel zum gegenüberliegenden, gewichtstragenden Bein verläuft. Das diagonale Hinterbein tritt energisch in Richtung des Körperschwerpunktes unter den Körper. Es sollte so hoch gehoben werden, dass die Zehe sich auf der Höhe der Fessel am gewichtstragenden Hinterbein befindet. Der Hals sollte gewölbt und mit dem Genick als höchstem Punkt getragen werden. Die Stirnlinie sollte sich der Senkrechten nähern, jedoch noch leicht davor bleiben. Die Zügel sollten leichte, geschmeidige Anlehnung halten.

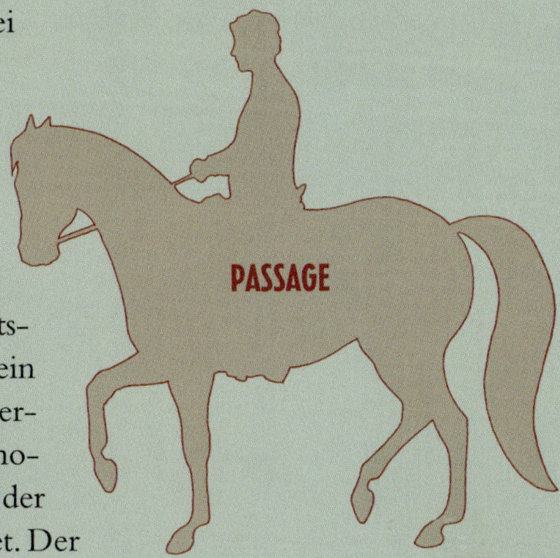

Die **Piaffe** ist ein noch stärker versammelter »Trab auf der Stelle«, bei dem die diagonalen Tritte hoch und taktrein ausgeführt werden. Auf Grund des höheren Versammlungsgrades kommt die Hinterhand noch tiefer und die Hinterbeine treten noch weiter an den Schwerpunkt des Pferdes heran. So haben Schultern und Vorderbeine mehr Freiheit, das Pferd trägt sich noch stolzer. Die Vorderbeine werden mindestens so weit angehoben wie in der Passage, die Hinterbeine jedoch etwas weniger, weil das Pferd weniger Raumgriff zeigt.

Die **Übergänge** zwischen Piaffe und Passage sollten taktrein und fließend sein. Idealerweise sollte das Pferd sowohl für den Übergang in die Piaffe als auch aus der Piaffe heraus seinen Takt beibehalten.

dem ist es immer noch schwierig, einzuschätzen, ob ein junges Pferd über das Temperament verfügt, mit dem es problemlos die Piaffe erlernen kann.

Ob ein Pferd Talent für Piaffe und Passage zeigt, prüfe ich bereits ziemlich früh. Wenn ich beispielsweise auf einem jungen Pferd ausreite und es Angst bekommt oder sich aufregt und dabei so etwas Ähnliches wie Piaffe oder Passage zeigt, pariere ich es weder durch, noch bestrafe ich es, wie andere Reiter es vielleicht tun würden. Stattdessen lobe ich es, so dass es bereits in diesem Stadium diese Reaktion mit etwas Positivem in Verbindung bringt.

Für mich ist das Wichtigste beim Lernprozess für Piaffe und Passage, dass ständig versucht wird, die positiven Reaktionen des Pferdes durch großzügige Belohnung zu fördern, und dass Fehler ignoriert und niemals bestraft werden. So kann man dem Pferd beibringen, zu denken, dass das hier ja richtig Spaß macht, und so wird es schließlich stolz darauf sein, dass es diese Lektion ausführen kann.

Ein Dressurpferd sollte Piaffe und Passage als etwas Positives erfahren. Das wird jedoch niemals der Fall sein, wenn der Reiter zu starke Hilfen einsetzt oder wenn das Pferd aus anderen Gründen die Lektionen mit Schmerz oder Unannehmlichkeiten in Verbindung bringt.

Eine gute Möglichkeit, die Schwebephase zu verbessern und dem Pferd das Heben der Beine im Trab beizubringen und so den Grundstock für die Passage zu legen, ist, durch tiefen Schnee oder durch Wasser zu reiten. Stehen Ihnen diese Möglichkeiten nicht offen, sind auch Cavaletti eine gute Lösung. Wenn das Pferd auf ganz natürliche Weise lernt, zu tun, was Sie von ihm wollen, können Sie später im Verlauf der normalen Dressurarbeit leichter dieselbe Reaktion erzielen.

Piaffe und Passage an der Hand

Ein wichtiger Teil des Erlernens von Piaffe, Passage und dem Übergang dazwischen ist, dass das Pferd lernt, in kurzen, elastischen Tritten *ohne jede Verspannung* zu traben. Das erreichen Sie am einfachsten, indem Sie dem Pferd diese Lektionen ohne Reiter beibringen, also an der Hand. Dazu können Sie entweder Fahrleinen bzw. eine Doppellonge oder normale Reitzügel benutzen.

Wie man Pferden Piaffe und Passage an der Hand beibringt, habe ich vor vielen Jahren von russischen Ausbildern gelernt. Heute arbeite ich meine Pferde so, weil ich im Laufe der Jahre oft gezwungen war, allein und ohne die Hilfe eines guten Reitlehrers zu arbeiten, der mir genau hätte sagen können, wann das Pferd korrekt reagiert. Vom Boden aus kann ich das Pferd beobachten und seine Reaktionen genau verfolgen.

Der einzige Ausrüstungsgegenstand beim Üben von Piaffe und Passage an der Hand mit kurzen Zügeln ist eine Gerte. Sie sollte so lang sein, dass man damit die Hinterhand oder die Schweifwurzel erreichen kann, wenn man am Pferdekopf steht. Das Pferd muss die Gerte respektieren, sollte jedoch keine Angst davor haben. Wenn es sich vor der Gerte fürchtet (was leider sehr oft der Fall ist, weil viele Pferde schlechte Erfahrungen mit dieser »Hilfe« gemacht

Doppellonge

Manchmal arbeite ich meine Pferde an der Doppellonge, weil ich so das Gefühl dafür, wie das Pferd sich bewegt, mit dem Gesehenen in Verbindung bringen kann. Um mit der Doppellonge wirkungsvoll arbeiten zu können, bedarf es allerdings einer speziellen Technik, für die man viel Erfahrung braucht.

Beim Üben von Piaffe und Passage arbeite ich normalerweise mit kurzen Zügeln, brauche also keine spezielle Ausrüstung. Ich kann jederzeit absitzen und mit dem Pferd eine Zeit lang an der Hand arbeiten, um dann wieder aufzusitzen. So habe ich die Möglichkeit, den Lernprozess häufiger zu wiederholen. Wenn man mit der Doppellonge arbeitet, gerät man leicht in Versuchung, einfach nur deswegen zu lange mit dem Pferd zu arbeiten, weil man nun einmal den ganzen Aufwand betrieben und dem Pferd all die Extraausrüstung angelegt hat.

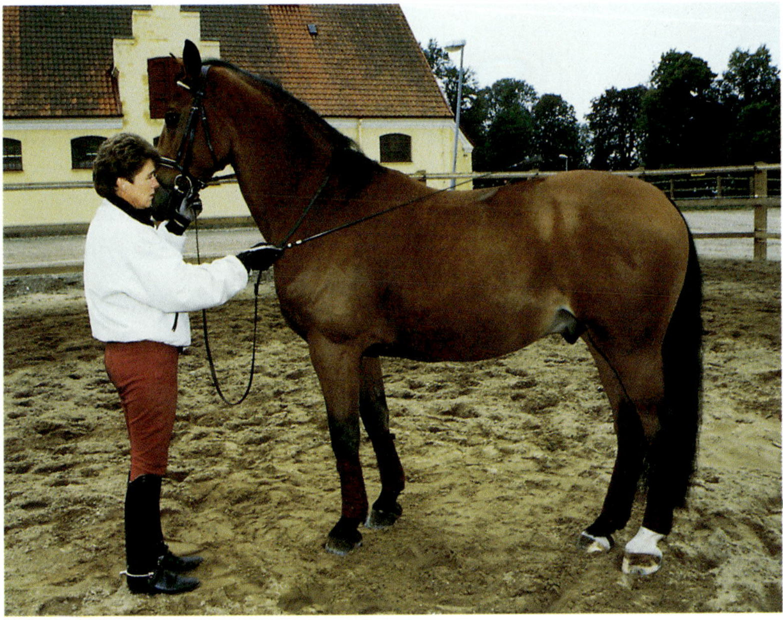

Hat das Pferd Angst vor der Gerte, streicht man ihm damit über den ganzen Körper, bis es das ruhig akzeptiert.

haben), muss man ihm zunächst beibringen, dass es nichts Schlimmes ist, mit der Gerte am ganzen Körper und am Hals berührt zu werden. Dann erst kann man mit der Arbeit am Boden anfangen. Das Pferd muss die Gerte als Verlängerung der Arme und Hände seines Ausbilders betrachten, nicht als Strafinstrument.

Vorbereitung für Piaffe und Passage an der Hand

Die Vorbereitung für Piaffe und Passage. Das Pferd ist nach außen gestellt und bewegt sich seitwärts von der Ausbilderin weg, so dass es um sie herumtritt. Es lernt, den äußeren Zügel zu akzeptieren und sich von der Gerte wegzubewegen.

Bei der Arbeit an der Hand ist es außerdem wichtig, dass das Pferd den äußeren Zügel respektiert. Der Ausbilder muss in der Lage sein, den äußeren Zügel und die Gerte als diagonale Hilfen zu verwenden, mit denen er das Pferd auf dem Hufschlag gerade hält und es daran hindert, nach innen abzuweichen oder gegen den Reiter zu drängeln. Um den Gehorsam gegenüber dem äußeren Zügel zu schulen, positioniere ich mich am Pferdekopf, beispielsweise auf der linken Seite, von der aus ich ein Pferd normalerweise führe. Ich stelle mich mit dem Rücken in die Richtung, in die das Pferd sich bewegt. Mit der linken Hand halte ich den linken Zügel dicht am Gebissring, mit der rechten Hand fasse ich den rechten Zügel, der kurz vor dem Widerrist quer über den Pferdehals gelegt ist. In der rechten Hand halte ich auch die Gerte. Nun lasse ich das Pferd um mich herumtreten, und zwar fast so, als ob es eine Vorhandwendung vom linken Schenkel weg ausführen würde, wobei es jedoch gestellt und leicht nach außen, also von mir weg, gebogen ist. Die Hinterbeine beschreiben einen größeren Kreis als die Vorderbeine, und das linke Hinterbein wird vor dem rechten Hinterbein gekreuzt. Durch ein leichtes Antippen mit der Gerte am linken Hinterbein lernt das Pferd, sich von der Gerte weg vorwärts und seitwärts zu bewegen. Sobald das Pferd so reagiert, wie ich möchte, lobe ich es.

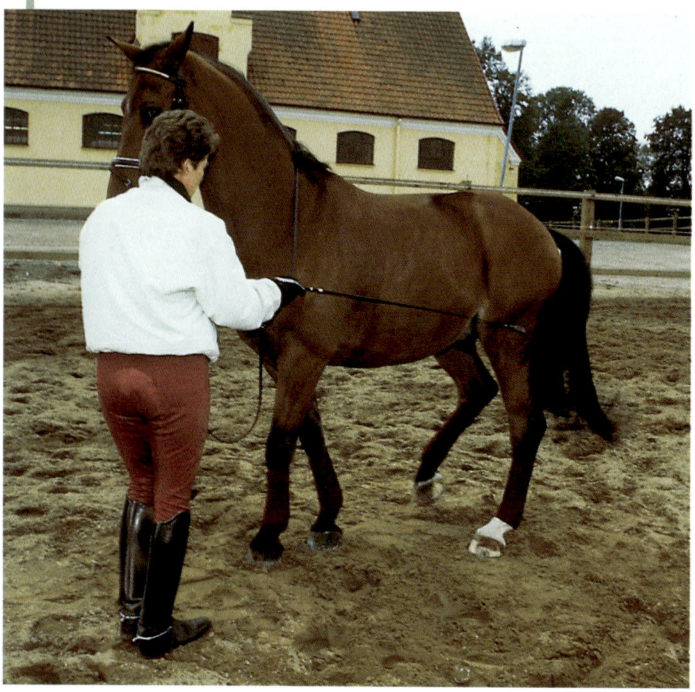

Hat das Pferd diese Übung verstanden, gehe ich mit ihm an die Bande oder den Zaun. Das Pferd ist immer noch im Schritt. Es ist unabdingbar, dass das Pferd sich nicht auf den Zügel legt. Durch meine Position am Pferdekopf kann ich meinen Körper sozusagen als Bremse einsetzen oder auch das Pferd vorwärts führen, falls es stehen bleibt. Würde ich mich an die Pferdeschulter stellen, würde es ihm zu leicht fallen, zwischen mir und der Wand hindurch zu »flüchten«.

Wenn ich rückwärts gehe, während das Pferd vorwärts geht, kann ich die ganze Zeit über sehen, was es tut. Der äußere Zügel (in diesem Fall der Rechte) und eventuell die Gerte halten das Pferd auf dem Hufschlag gerade. Um dem Pferd das Untertreten und Versammeln zu erleichtern, benutze ich die innere Hand und positioniere seinen Kopf deutlich vor der Senkrechten. Mit der Gerte tippe ich das Pferd am Oberschenkel, manchmal auch knapp vor der Schweifwurzel leicht an. Wenn das Pferd die Tritte verkürzt und die Gelenke der Hinterbeine stärker beugt, belohne ich es, indem ich ihm mit der Gerte über den Hals streiche.

Legt sich das Pferd zu sehr auf meine Hand, drängt es zu stark vorwärts oder will es den Kopf zu tief halten, kann ich es mit dem linken Zügel durchparieren oder seinen Kopf anheben. Wenn das Pferd anhalten oder rückwärts treten will, kann ich es mit dem linken Zügel wieder vorwärts führen und es gleichzeitig zum Vorwärtsgehen ermuntern, indem ich die Hinterhand mit der Gerte antippe. Dieses Antippen wiederholt man so oft, bis das Pferd es ruhig akzeptiert. Wenn das Pferd anfangs nach der Gerte tritt, bestraft man es nicht – das Wichtigste ist, dass es überhaupt reagiert!

Anfangs versteht das Pferd wahrscheinlich nicht so ganz, was Sie von ihm wollen, doch nach einigen Versuchen wird es normalerweise irgendwann mit einer halbwegs korrekten Reaktion aufwarten, die Sie dann sofort mit beruhigender Stimme und durch das Abstreichen mit der Gerte am Hals belohnen. So lassen Sie das Pferd wissen, dass es etwas richtig gemacht hat.

Trense oder Kandare

Meine eigenen Pferde sind so gut erzogen, dass ich sie normalerweise auf Trense gezäumt an der Hand arbeiten kann; wenn man allerdings ein Pferd hat, das schwer zu bändigen ist, kann es notwendig sein, auf Kandare mit ihm zu arbeiten. Wenn ich das tue, halte ich die Zügel *à la Fillis* in der linken Hand. Wenn man die Zügel so hält, fällt es leichter, den Trensen- und den Stangenzügel unabhängig voneinander zu bewegen. Der Trensenzügel kann den Pferdekopf heben, der Stangenzügel kann ihn senken. In der rechten Hand halte ich nur den Trensenzügel, während der Stangenzügel locker über dem Pferdehals hängt.

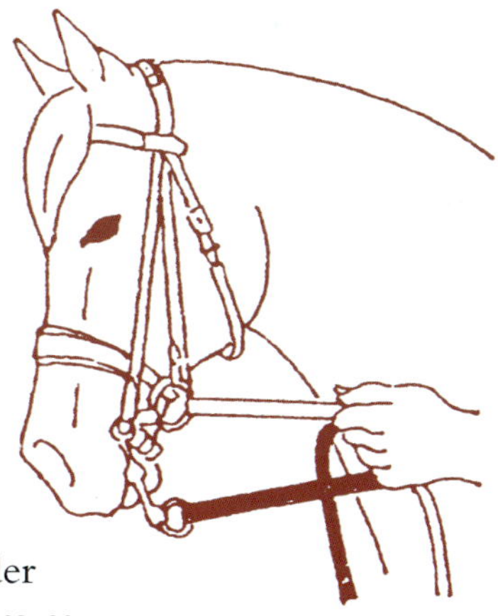

Zügelhaltung À LA FILLIS.

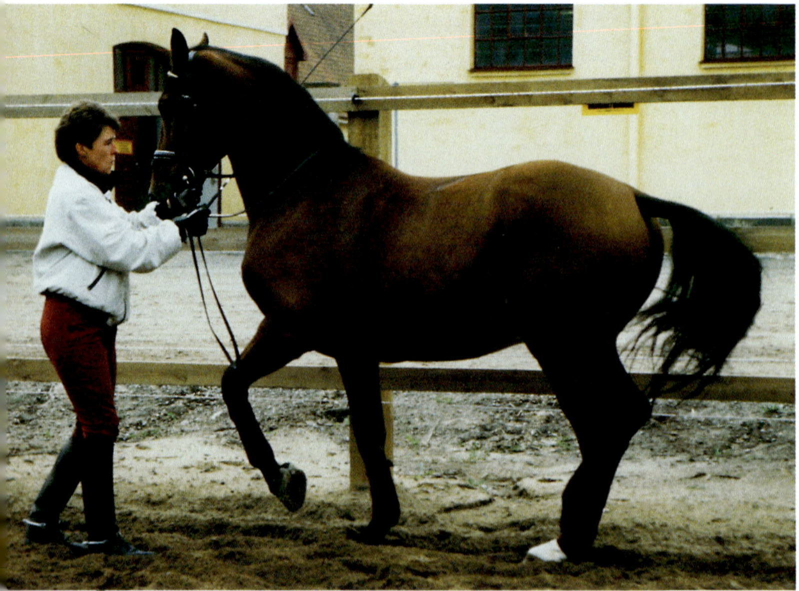

Die Gerte sollte positiv als Hilfe eingesetzt werden, nicht als Strafinstrument. Im Endergebnis sollte das Pferd zu piaffieren anfangen, sobald man ihm mit der Gerte über den Hals streicht.

Erste Piaffetritte an der Hand

Wenn das Pferd in der Lage ist, langsam und versammelt mit aktiven, kurzen Tritten zu gehen, lasse ich es ein wenig stärker vorwärts gehen und fordere es gleichzeitig zu einigen kurzen Trabtritten auf. Man nennt das sehr passend »halbe Tritte«. Sobald das Pferd darauf wie gewünscht reagiert, wird es wieder durch Abstreichen mit der Gerte am Hals belohnt. Mit dieser Übung möchte ich auch erreichen, dass das Pferd allmählich den Übergang zwischen Piaffe und Passage lernt. Man darf nie zu lange üben, vor allem nicht am Anfang.

Wenn das Pferd »halbe Tritte« ausführen kann, ohne dass ich es mit Gerte oder Zügeln unterstützen muss, kann ich eine piaffeartige Bewegung erzielen, indem ich es mit dem äußeren Zügel zurückhalte und seinen Kopf mit dem inneren Zügel anhebe, während ich den Takt mit der Gerte an der Hinterhand andeute. Denken Sie unbedingt daran, das Pferd für korrekte Tritte *sofort* zu belohnen, indem Sie es mit der Gerte am Hals abstreichen. Das Endziel sollte sein, dass das Pferd fast schon zu piaffieren beginnt, wenn Sie ihm mit der Gerte über den Hals streichen.

Häufige Fehler beim Üben an der Hand

Es ist sehr wichtig, dass das Pferd sich die ganze Zeit vorwärts bewegt. *Es sollte nicht nach rückwärts denken.* Das bedeutet, dass es weder auf der Stelle piaffieren, noch von selbst anhalten oder rückwärts treten sollte. Versuchen Sie nicht, noch ein paar zusätzliche Tritte aus dem Pferd herauszuholen, indem Sie die Gerte stärker einsetzen! Dadurch würde das Pferd nur die Piaffe mit der Gerte in Verbindung bringen und keine Piaffe mehr zeigen, sobald Sie einmal keine Gerte haben. Stattdessen sollten Sie das Pferd loben, sobald es von sich aus einige Piaffetritte ausführt. So wird es sich anstrengen, um weitere Belohnungen zu bekommen, und freiwillig Piaffetritte anbieten. Solange das Pferd sich noch bewegt, lobt man es, pariert es dann durch und gibt ihm als zusätzliche Belohnung einen Leckerbissen. Wenn das Pferd sich aufregt oder nervös wird, wenden Sie es auf einer Volte und beruhigen es. So können Sie auch jede andere Lektion am Boden beenden, indem Sie nämlich das Pferd seitwärts um sich herum treten lassen.

Passage an der Hand

Kann das Pferd fast »auf der Stelle treten«, versuche ich es dazu zu bekommen, dass es das Ganze in der langsamen Vorwärtsbewegung tut. Hals und Kopf werden dazu tiefer getragen, und nun versuche ich, das Pferd den Takt für die Passage finden zu lassen. Das ist oft schwierig, weil man im Pferd »lesen« können muss: Man muss selbst die leiseste Andeutung einer korrekten Reaktion des Pferdes erkennen können.

Piaffe und Passage unter dem Reiter

Hat das Pferd dieses Stadium erreicht, kann ich einen Reiter draufsetzen. Dieser sollte völlig passiv bleiben, während ich weiterhin vom Boden aus dem Pferd die Signale gebe. So gewöhne ich das Pferd daran, mit einem Gewicht auf dem Rücken zu treten, ehe der Reiter die Einwirkung übernimmt.

Sobald ich dann selbst auf dem Pferd sitze, fange ich mit genau den Signalen an, die ich vom Boden aus benutzt habe – also Stimme und Gerte – und kombiniere sie allmählich und ganz vorsichtig mit den Reiterhilfen für Piaffe und Passage.

Kann das Pferd an der Hand piaffieren, ist es an der Zeit, einen Reiter draufzusetzen. Allmählich lernt das Pferd, stärker auf die Reiterhilfen zu reagieren, während der Ausbilder vom Boden aus hilft, wie auf diesem Bild, das Richard White auf dem jungen Russenhengst Tambov zeigt.

Die Hilfen für die Passage

In der Passage setze ich hauptsächlich *Gesäßknochen, Oberschenkel und Knie* ein und kombiniere dies bei jedem Tritt, den das Pferd macht, mit einem *leichten Durchhalten* der Zügel. Nur wenn das Pferd etwas mehr Energie braucht, setze ich auch eine leichte Schenkelhilfe ein. Man sollte nie versuchen, ein Pferd durch »Zusammenquetschen« zur Passage zu veranlassen.

Sie sollten in der Lage sein, in der Passage zwischen kürzeren, stärker versammelten Tritten und längeren, flacheren Tritten abzuwechseln. Wenn Sie so zwischen den verschiedenen Arten variieren können, tun Sie sich später leichter dabei, dem Pferd den Übergang zwischen Piaffe und Passage beizubringen.

Die Hilfen für den Übergang und die Piaffe

Der Übergang von der Passage in die Piaffe wird erreicht, indem man die Passage so weit verkürzt, dass sie eine sehr vorwärts strebende Piaffe darstellt, und dann die Hilfen umstellt: Nun wird abwechselnd mit dem linken und rechten Unterschenkel Druck gegeben. So bekommt das Pferd ein deutliches Signal, zu piaffieren. Allerdings muss der Reiter sehr darauf achten, die Hilfen nicht so stark zu geben, dass

Kyra und Master beim Training in Flyinge: Eine fast perfekte Passage.

das Pferd anfängt, von einer Seite zur anderen zu schaukeln. Der Reiter muss unterdessen stets ruhig und gleichmäßig in der Mitte des Sattels sitzen.

Nach ein paar Piaffetritten mit deutlicher Vorwärtsbewegung verkürze ich die Tritte weiter, so dass das Pferd sich bei jedem Tritt um ungefähr einen Hufbreit nach vorne bewegt.

Sobald ich spüre, dass das Pferd die Vorwärtstendenz verliert, reite ich wieder mehr vorwärts.

Wenn ich den Übergang von einer Piaffe fast auf der Stelle zur Passage übe, erreiche ich das über eine Piaffe mit größerer Vorwärtstendenz, bei der ich beide Unterschenkel gleichzeitig einsetze. Ich überlasse es dabei einige Tritte lang dem Pferd, sein Gleichgewicht selbst zu finden, so dass es Zeit hat, sich in eine kurze Passage hinein zu bewegen, die ich dann mehr vorwärts reite, um so eine normale Passage zu erhalten.

Denken Sie daran, Piaffe und Passage nie zu lange zu üben, weil diese Lektionen für das Pferd sehr anstrengend sind.

Eine von Kyras großen Stärken ist ihr Geschick darin, Pferden die Piaffe beizubringen. Hier reitet sie Edinburg und Flyinge Amiral.

Piaffe und Passage im internationalen Dressursport

Verglichen mit der Situation vor einigen Jahren sind die internationalen Reiter heute normalerweise recht gut in Piaffe und Passage. Diese Lektionen machen einen wichtigen Anteil bei der Gesamtbewertung im Grand Prix aus, so dass es sehr schwierig ist, in dieser Prüfung erfolgreich zu sein, wenn das Pferd hier Schwächen zeigt.

Als erfahrenem Grand Prix-Pferd fällt es Edinburg leichter, selbst in der Passage einen höheren Versammlungsgrad beizubehalten.

Viele Wege führen zum Ziel

Natürlich gibt es viele Methoden, einem Pferd Piaffe und Passage beizubringen, und für einen bestimmten Pferdetyp kann die eine Methode besser geeignet sein als die andere. Was ich hier beschrieben habe, ist die Methode, die bei mir am besten klappt, aber ich bin jederzeit bereit, meine Methoden zu verändern, wenn es mit meinem System nicht klappt. Wichtig ist, dass das Pferd willig tut, worauf ich es abgesehen habe.

Zwar beginne ich bereits mit der Piaffe zu »spielen«, wenn die Pferde vier oder fünf Jahre alt sind, allerdings bin ich dann bereits glücklich, wenn sie einige wenige Tritte zeigen. Wenn man ihnen nur zeigt, wie es geht, glaube ich nicht, dass es ihnen schadet, so früh damit zu beginnen.

Einem Pferd Piaffe und Passage beizubringen, ist ein sehr langwieriges Unterfangen. Wenn Sie früh damit anfangen, hat das Pferd die Möglichkeit, in aller Ruhe seine Muskeln so zu entwickeln, dass es später die Kraft haben wird, diese Lektionen korrekt durchzuführen. Frühes, ruhiges Anfangen verhindert auch, dass der Reiter in Panik gerät, wenn ihm plötzlich aufgeht, dass das Pferd nun aber schnell Piaffe und Passage lernen muss, weil er bereits in der Intermediaire I reitet und jetzt mit dem Grand Prix anfangen will.

Es ist immer leichter, ein sensibles Pferd mit viel Nerv zu Piaffe und Passage zu bewegen, weil es von selbst Ansätze dazu macht und man es fast schon beruhigen muss, damit es nicht zu viel anbietet. Schwieriger wird es bei einem ruhigeren und phlegmatischeren Pferd, das energisch aufgefordert werden muss, doch noch ein bisschen zuzugeben. Unabhängig vom Temperament des Pferdes erfordern Piaffe, Passage und die Übergänge dazwischen jedoch sowohl seitens des Reiters als auch seitens des Pferdes viel Gefühl und werden niemals ausdrucksvoll und einfach aussehen, wenn das Pferd keine positive Arbeitseinstellung hat und auf das, was es da zeigt, nicht stolz ist.

Dieses Pferd zeigt eine sehr gute Aktion der Vorderbeine. Mit der Zeit wird es die nötige Kraft aufbauen, um mit den Hinterbeinen etwas weiter unter den Körper zu treten.

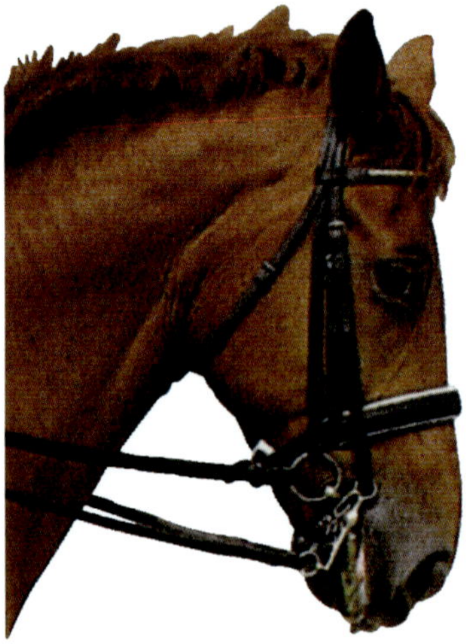

KAPITEL 14

Training und Turnier

Als Turnierreiter muss man den Unterschied zwischen dem Ausbilden des Pferdes bei der täglichen Arbeit und dem Vorbereiten, Aufwärmen und Vorstellen während der eigentlichen Prüfung verstehen.

Training und Vorbereitung

Stärken und Schwächen berücksichtigen

Wenn Sie Ihr Pferd zu Hause ausbilden und mit ihm üben, ist es sinnvoll, seine Schwachpunkte herauszufinden und an deren Verbesserung zu arbeiten. Dabei dürfen Sie das Pferd jedoch nicht verunsichern. Ich bin überzeugt, dass man sich beim Üben nicht nur auf die Schwächen des Pferdes und die Dinge, die ihm schwer fallen, konzentrieren darf, weil das sein Selbstvertrauen untergräbt. Sie sollten auch die Dinge üben, die das Pferd gut kann. Ich beende eine Dressurstunde immer mit einer Lektion, die dem Pferd leicht fällt. Auf diese Weise kommt es mit einer positiven Einstellung zurück in den Stall.

Wenn ich auf ein Problem stoße, das ich nicht sofort bewältigen kann, versuche ich, eine Lektion zu finden, die etwas mit dem Problem zu tun hat, aber grundlegender und deswegen einfacher ist. Kann ich diese erfolgreich reiten, habe ich die Gelegenheit, das Pferd zu loben und ihm zu sagen, dass es gute Arbeit geleistet hat. Ich habe oft Reiter gesehen, die nur an den schlechten

Lektionen arbeiten – dadurch wird das Pferd immer schlechter, weil es sein Selbstvertrauen verliert und schließlich so wenig motiviert ist, dass es die Lektion nicht einmal mehr probieren mag.

Als Turnierreiter muss man akzeptieren, dass jedes Pferd seine Schwächen und Grenzen hat. Es ist allerdings wichtig, dass diese Dinge sich nicht zu großen Problemen auswachsen. Eine Problemlektion gut genug auszuführen, um die Note 6,0 dafür zu bekommen, kann für ein bestimmtes Pferd oder einen bestimmten Reiter sehr gut sein. Will man aber seine Gesamtnote maximieren, muss man in der Lage sein, seine Schwächen dadurch auszugleichen, dass man bei den Lektionen glänzt, die das Pferd sehr gut beherrscht.

Vorbereitung auf die Prüfung

Wenn die Prüfung näher rückt, reite ich spezielle Übungen dafür und konzentriere mich darauf, sie wirklich präzise auszuführen, so dass ich weiß, dass ich von einem Punkt zum anderen reiten kann. Damit überprüfe ich, ob ich mit dem Schwierigkeitsgrad, der auf diesem Prüfungsniveau von mir verlangt wird, wirklich zurecht komme. Ich reite nicht die gesamte Aufgabe und suche mir immer unterschiedliche Bahnpunkte und Linienführungen, an und auf denen ich bestimmte Lektionen ausführe. Ich habe genug Turniererfahrung, um die Aufgaben nicht allzu oft üben zu müssen. Außerdem will ich vermeiden, dass das Pferd die Aufgaben auswendig lernt, weil es mir dann die nächste Lektion vorwegnehmen kann.

Ein junger oder unerfahrener Reiter allerdings muss die jeweilige Aufgabe viele Male reiten. Selbst wenn ich im Training nicht die ganze Aufgabe reite, übe ich doch mehrere der Lektionen hintereinander in der richtigen Abfolge. So gewöhne ich mich daran, die Lektion selbst dann zu reiten, wenn das Pferd nicht perfekt geht.

Will man eine neue Lektion üben, darf man sie *nur dann* ausführen, wenn das Pferd wirklich gut an den Hilfen steht. Als Turnierreiter muss man wissen,

Schwächen nicht außer Acht lassen

Ein Wort zur Warnung: Zwar ist es falsch, sich auf die Schwachpunkte des Pferdes einzuschießen, ebenso muss man sich jedoch in Acht nehmen, nicht übermäßig die Dinge zu üben, in denen das Pferd gut ist – beispielsweise starken Trab, der für das Pferd sehr anstrengend ist. Außerdem muss man sich davor hüten, für irgendwelche Zuschauer das Training zu ändern. Man muss an den Dingen arbeiten, die Reiter oder Pferd wirklich verbessern müssen, selbst wenn das für den Beobachter weniger beeindruckend aussieht.

wie man die verschiedenen Lektionen reiten muss, wenn das Pferd gerade nicht seine Bestleistung zeigt. Das Pferd fühlt sich vielleicht nur fünf oder zehn Mal im Jahr wirklich fabelhaft, und wenn eine solche Gelegenheit auch noch auf einen Turniertermin fällt, ist das wie ein Wunder. Man muss lernen, zu akzeptieren, dass das Pferd sich während einer Prüfung vielleicht nicht so perfekt fühlt – das muss man ignorieren und das Pferd trotzdem so gut wie möglich vorstellen. Junge oder unerfahrene Reiter sind oft so ehrgeizig, dass sie die ganze Zeit absolute Perfektion erwarten. Klappt dann etwas nicht genau so, wie sie es sich vorgestellt haben, strafen sie enttäuscht das Pferd, das daraufhin ebenfalls frustriert wird. Darunter leidet die Leistungsfähigkeit beider Beteiligten.

In der Prüfung

Fehler korrigieren oder nicht?

In der Prüfung gibt es Augenblicke, in denen man spürt, dass eine Lektion gerade anfängt, schief zu gehen oder dass einem gleich ein Fehler passieren könnte. Dann muss man entscheiden, ob man das Risiko eingehen will, die Situation zu verbessern oder zu korrigieren. Wenn man denkt, dass man sie eher verbessern als verschlechtern kann, sollte man das Risiko eingehen und verbessern, was sich verbessern lässt.

Ein Beispiel: Ihr Pferd steht im Halten nicht gleichmäßig auf allen vier Beinen. Zahlt es sich aus, das zu korrigieren, wobei das Pferd unruhig werden wird? Wird der Halt nach der Korrektur perfekt sein, oder wird es darauf hinaus laufen, dass das Pferd danach immer noch nicht gleichmäßig, dafür aber auch noch schief dasteht und Sie deswegen noch mehr Punkte verlieren?

In der Prüfung müssen Sie viele solche Entscheidungen treffen, und man braucht eine Menge Erfahrung, um das erfolgreich zu tun. Sie müssen sich selbst und das Pferd so gut kennen, dass Sie niemals eine Korrektur vornehmen, durch die die Lektion noch schlechter ausgeführt wird.

Für einen Turnierreiter ist es unabdingbar, die Bewertungskriterien jeder Lektion genau zu kennen und zu wissen, wo jede der Lektionen beginnt und endet. So sollte der Reiter beispielsweise wissen, dass der Übergang vom Schritt zum Galopp im Prix

St. Georges nicht etwas ist, das man reitet, um in den Galopp zu kommen. Auch der Übergang selbst wird mit Punkten bewertet – und zwar mit ebenso so vielen Punkten wie die Dreierwechsel! Es gibt eine ganze Menge »billige« Punkte, wenn man sich die Mühe macht, im Aufgabenheft danach zu suchen. Wenn Sie sich zu einer Korrektur entschließen, müssen Sie sie so durchführen, dass sie nur bei einer Lektion die Punktezahl beeinflusst, nicht bei zweien. Noch besser ist es, wenn Sie die Korrektur im »Niemandsland« zwischen zwei Lektionen unterbringen können, weil sie dort weniger Punkte kostet.

Je näher die Prüfung rückt, desto stärker teile ich die schwierigeren

Kyra auf Flyinge Amiral in einer harmonischen, ausdrucksvollen Passage. Aachen, 1997.

Lektionen in einfachere Teile auf. Wenn ich beispielsweise Schwierigkeiten mit dem Galopp-Zickzack habe, übe ich nur die Traversale und das nachfolgende Geraderichten, reite jedoch den fliegenden Wechsel nicht eher, als bis ich merke, dass das Pferd gut vorbereitet ist und auf mich wartet. So übe ich nur die Einzelteile und nicht die Gesamtlektion.

Wenn ich ein Pferd habe, dem die Pirouetten schwer fallen, reite ich nicht ständig Pirouetten. Wenn ich sie doch übe, versuche ich, dem Pferd die Aufgabe möglichst leicht zu machen, indem ich sie nicht zu klein reite.

Warmreiten

Beim Warmreiten vor der Prüfung versuche ich Situationen zu vermeiden, in denen das Pferd einen Fehler machen könnte. Selbst wenn ich es nicht schaffe, das Pferd hundertprozentig einzustimmen – viel wichtiger ist, dass wir das Viereck voller Selbstvertrauen betreten, in dem absoluten Glauben »Wir können das!«. Auf jeden Fall will ich vermeiden, dass wir einreiten und denken, dass sowieso nichts klappen wird, weil wir beim Warmreiten so viele Fehler gemacht haben. Diese persönliche Philosophie habe ich im Laufe vieler Turnierjahre aufgestellt.

Es ist wichtig, dass Sie die beste Möglichkeit herausfinden, ein bestimmtes Pferd aufzuwärmen. Soll man es lange aufwärmen oder nur ein paar Minuten lang? Muss es lange im Schritt gehen, damit es sich entspannt, oder muss man es etwas aufwecken? Muss man es ein paar Stunden vor der Prüfung locker reiten und dann noch einmal in den Stall stellen? All dies sollten Sie zu Hause ausprobieren, damit Sie eine Routine etablieren können, mit der Sie die besten Ergebnisse erzielen. Diese Routine müssen Sie dann einhalten, selbst wenn Sie morgens um sieben Uhr der erste Starter sind und deswegen um drei Uhr nachts aufstehen mussten. So etwas passiert mir ziemlich oft, weil ich mein Pferd gerne drei bis vier Stunden vor der Prüfung noch einmal reite. Das mache ich, weil ich wissen will, wie das Pferd sich heute fühlt, damit ich das endgültige Warmreiten entsprechend planen kann. Außerdem verlieren wir so beide unsere morgendliche Steifheit.

Ziele setzen

Natürlich sollte man in jeder Prüfung versuchen, so gut wie möglich zu reiten, doch man muss seine Situation realistisch sehen und sich hüten, die Ziele so hoch zu setzen, dass sie unerreichbar sind. Sonst ist man nur enttäuscht und frustriert, weil man nicht so weit kommt, wie man wollte. Das Ziel muss nicht immer heißen, zu gewinnen – vielleicht will man es einfach ein wenig besser machen als letztes Mal. Wenn man bei starker Konkurrenz zu ehrgeizig ist, tut man leicht des Guten zu viel, treibt sich selbst und das Pferd zu sehr an und erreicht deswegen nicht einmal sein übliches Niveau.

Manchmal kann man mit seinem Pferd vollauf zufrieden sein, obwohl man auf den hintersten Plätzen gelandet ist, wobei die Konkurrenz jedoch erstklassig war. Andererseits kann man sich über seine Leistung selbst dann ärgern, wenn man gewonnen hat, wenn nämlich der Sieg dadurch zu Stande gekommen ist, dass die anderen Reiter sehr viel schwächer waren.

Wenn meine Schüler die Bahn verlassen, fordere ich sie auf, selbst zu beurteilen, ob sie die Prüfung gut geritten sind oder nicht und ob sie mit ihrer Leistung zufrieden sind. Das lasse ich sie gerne tun, ehe sie die Wertnote und die Platzierungen gehört haben, weil die Wertnote ihre Leistung oft nicht realistisch wieder gibt.

Mentales Training

Sind Ihre technischen Fähigkeiten für das Reiten der Lektionen gut genug und die Grundlagen korrekt, können Sie anfangen, die eigene Prüfungstechnik durch Sportpsychologie zu verbessern. Fachleute, die sich damit intensiv befassen, haben ermittelt, dass mentales Training ebenso wichtig ist wie eine aktive Trainingsstunde!

Der »Film im Kopf«

Um beispielsweise zu lernen, eine Grand Prix-Prüfung wirklich gut zu reiten, müsste man sie ungefähr 5000 Mal reiten! In der Praxis ist das unmöglich, weil die Ausdauer des Pferdes begrenzt ist. Mit mentalem Training dagegen kann man so oft üben, wie man will. Kurz gesagt, ist mentales Training die Benutzung des Geistes, um die körperliche Leistung zu erhöhen. Man muss lernen, wie man sich völlig entspannt und Ablenkungen so gut ausschließt, dass man sich seines Körpers fast nicht mehr bewusst ist und sich völlig auf seine Gedanken konzentrieren kann. Wenn man dieses Stadium der inneren Ruhe erreicht hat, kann man vor seinem geistigen Auge einen sehr detaillierten »Film« ablaufen lassen, der einen selbst bei seiner besten Leistung zeigt. Spielt man diesen Film im Geiste häufig genug ab, werden in dem Teil des Gehirns, der körperliche Bewegungen steuert, Mikro-Nervenbahnen angelegt. Genau dieselben Nervenbahnen werden auch gebildet, wenn man tatsächlich für seinen Sport trainiert, wenn man also beispielsweise eine Dressurprüfung reitet.

Schon bevor ich jemals etwas von Sportpsychologie gehört hatte, habe ich unwissentlich ein paar der betreffenden Methoden angewandt. Wenn ich auf einen Turnierplatz komme, sehe ich mir sofort das Viereck an, in dem ich die Prüfung reiten werde. Ich stelle mich beim Buchstaben A hin, um das Viereck so zu sehen, wie ich es beim Einreiten sehen werde, und versuche, dieses Bild des Platzes und der Umgebung auf meinen »geistigen Film« zu kopieren.

Entspannung durch mentales Training

Ein weiterer Vorteil des mentalen Trainings ist der, dass man lernt, sich zu entspannen und seine Nerven unter Kontrolle zu halten. Man braucht durchaus eine gewisse Nervosität und etwas Adrenalin, um Bestleistung zu erbringen, doch die Angst darf nicht so groß sein, dass sie die Konzentration stört. Manche Sportler haben so große Übung im mentalen Training und der Kontrolle ihrer Nerven, dass sie innerhalb weniger Sekunden ihren sehr schnellen Herzschlag auf normale Werte herunterfahren können.

Die Hilfen automatisieren

Das mentale Training ist eine Ergänzung zum Reiten. Wenn man immer wieder jede einzelne Hilfe, die man dem Pferd geben wird, geistig durchspielt, ganz akkurat und mit kleinsten Details, und wenn man jeden Tritt und jede Bewegung der gewünschten Reaktion spüren kann, dann kann man damit einen Punkt erreichen, an dem die Einwirkung auf das Pferd zum Reflex wird.

So wird das eigentliche Reiten fast zu 100 Prozent automatisch, und das Gehirn kann sich auf die anderen Aspekte des Rittes konzentrieren. Dann ist man in der Lage, schnell und sicher auf ein Problem zu reagieren, man kann besser spüren und kleinste Feinheiten anwenden, die den Ritt zu etwas Besonderem machen.

Das bewusste Gehirn kann sich immer nur auf eine Sache konzentrieren. Es kann nicht gleichzeitig die Anweisungen für die grundlegenden Hilfen für eine Lektion geben und gleichzeitig an der Verbesserung der Lektion feilen. Deswegen sagen Sportler, denen eine »perfekte« Leistung gelungen ist, hinterher oft, es sei »einfach passiert«. Alles lief ganz automatisch. Viele Reiter werden dieses Gefühl kennen, bei dem das Pferd richtig gut geht und man nur denken muss, damit es reagiert. Es ist, als würde das Pferd alles von allein machen. Man darf allerdings nicht vergessen, dass schlechte Technik eben schlechte Technik ist und durch mentales Training nicht verbessert werden kann. Die Technik, die man mental durchspielt, muss bereits gut sein.

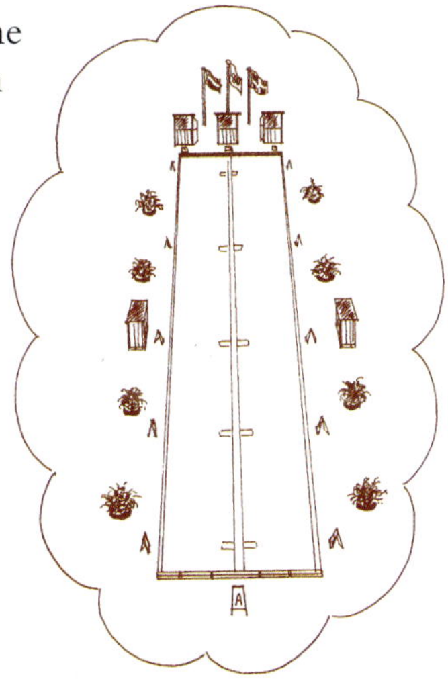

Positives Denken

Die psychologische Seite ist bei allen Sportarten wichtig und hat großen Einfluss auf die Leistung. Diesen Aspekt des Sports finde ich interessant und gleichzeitig sehr spannend. Ich habe gelernt, dass jeder Mensch ein gewisses Maß an psychischen Fähigkeiten mitbringt. Wenn man als Turnierreiter eine psychische Schwäche an sich selbst bemerkt, kann man sie verbessern oder stärken, indem man Kurse zum Thema Sportpsychologie besucht oder Bücher darüber liest.

Kyra setzt oft mentales Training ein, vor allem vor einer Prüfung. Sie kann vor ihrem geistigen Auge einen »Film« ablaufen lassen, auf dem sie sich selbst in dem Viereck, in dem sie reiten wird, ganz exakt die Lektionen reiten sieht.

Pferd und Reiter beim Warmreiten vor einer wichtigen Prüfung: Konzentriert, entspannt und in völliger Harmonie.

Positives Denken ist ein Schlüsselfaktor. Wenn man einen erfolglosen Reiter fragt, wie es sich anfühlt, wenn das Pferd schlecht geht, und wie es sich anfühlt, wenn das Pferd gut geht, dann kann er normalerweise die schlechte Leistung detailliert beschreiben, während er über die Gute nicht viel zu sagen weiß. Umgekehrt konzentrieren erfolgreiche Reiter sich fast ausschließlich auf die gelungenen Augenblicke und können deswegen die gute Leistung durch mentales Training steigern.

Der Teufelskreis der Angst

Pessimismus, Angst und Nervosität führen zu schlechten Leistungen. Es ist wichtig, dass der Reiter bei seinem täglichen körperlichen Training so gut und sicher wird, dass er es vermeiden kann,

Sie können sich selbst beurteilen, ob Sie eine gute Leistung erbracht haben oder nicht – und Sie können mit Ihrem Pferd zufrieden sein, selbst wenn Sie nicht gewonnen haben.

eine wirklich schlechte Prüfung zu reiten. Wenn man Angst hat, dass die Prüfung zur Katastrophe werden könnte, oder wenn dies tatsächlich geschieht, kann die entstehende Angst einen Teufelskreis in Gang setzen, in dem die schlechte Leistung sich immer wieder selbst bestärkt. Wenn dies passiert, muss man versuchen, im Training wieder zu einem guten, sicheren Leistungsniveau zurückzufinden. Nur durch diese wieder erlangte Sicherheit wird man auch in der Prüfung wieder besser werden, weil man damit die Angst vor dem Versagen oder der Katastrophe überwinden kann. Man muss versuchen, sein eigenes Kompetenzniveau realistisch und ehrlich einzuschätzen.

Lässt man sich nur durch eine hervorragend gerittene Prüfung zufrieden stellen und betrachtet sein normales Leistungsniveau als Versagen, wird man sehr schwankende Leistungen erbringen. Nach zu häufigem »Versagen« wird das sichere, normale Niveau leiden und immer schlechter werden. Man muss daran denken, dass man umso größere Chancen hat, eine wirklich gute Prüfung zu reiten, je sicherer man sich auf seinem normalen Leistungsniveau fühlt.

Ganz egal, wer reitet und wie begabt das Pferd ist – manchmal klappt eben nicht alles »wie im Lehrbuch«!

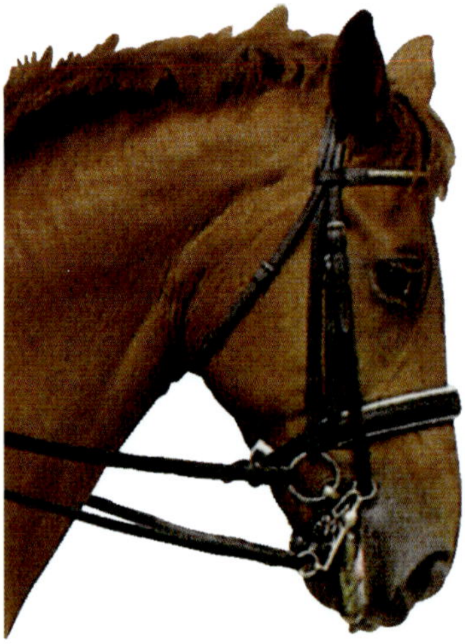

Nachwort

Ich weiß, dass man nicht reiten lernt, indem man ein Buch liest. Der Ausdruck »Reiten lernt man nur durch Reiten« ist absolut wahr. Ich weiß auch, dass alle Bücher, dieses hier eingeschlossen, beschreiben, wie man das ideale Pferd reitet, und dass es ein solches Pferd leider nicht gibt!

Mir ist klar, dass man viele Dinge auch anders machen kann, und ich will bestimmt nicht behaupten, dass ich etwas Neues erfunden oder den »goldenen Schlüssel« gefunden habe. Ich habe versucht, einige der Methoden zu beschreiben, die ich in den Jahren meiner Tätigkeit als Reiterin und Ausbilderin ausprobiert habe und die bei mir am besten klappen.

Ich hoffe, dass dadurch, dass ich in diesem Buch meine Erfahrungen mit Ihnen teile, das Pferd in dem manchmal unfairen Kampf mit seinem Reiter eine gerechtere Chance bekommt.

Register

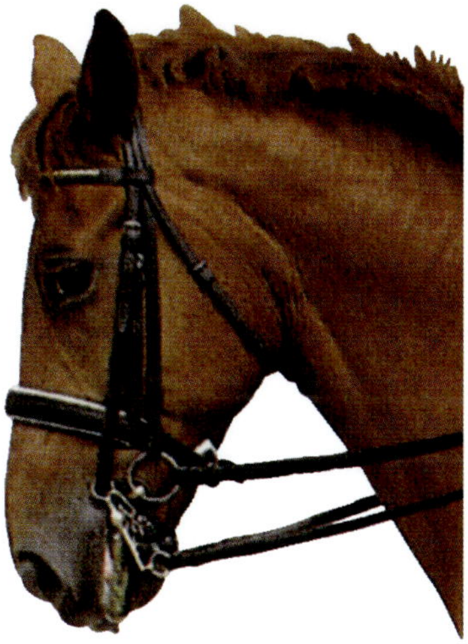